Versets du pacifique

ANDRÉ BLONDEL TONLEU MENDOU

Versets du pacifique

Poésie

Les Éditions
GRENIER

André Blondel Tonleu Mendou
Verset du Pacifique
ISBN : 978-2-923470-52-8

Dépôt légal
Bibliothèque nationale du Québec, 2023
Bibliothèque et Archives Canada, 2023

Illustrations de la couverture et des pages intérieures :
Geneviève Richer

Les Éditions Grenier
Téléphone : 514 655 5914
Courriel : leseditionsgrenier@yahoo.fr
Site web : www.leseditionsgrenier.ca
Grenier, 2023

Droits d'auteur 2024
Relié :978-1-965134-66-5
Broché :978-1-965134-67-2

Préface

Une question fréquente qui taraude mes interlocuteurs est bien souvent : que fait un ambassadeur ?

Je n'ai nulle intention d'établir ici la liste des fonctions d'un agent diplomatique mais, très certainement, un ambassadeur écrit et écoute de nombreux discours. Certains sont destinés à changer le cours des affaires politiques, d'autres sont des manifestations de savoir-faire, ou plus précisément, « savoir-parler », alors que d'autres encore ne se résument qu'à des discours de circonstance, à des allocutions cérémonieuses ou coutumières, afin de, pour ainsi dire, meubler un événement.

Le but ultime d'un discours est de faire passer un message en utilisant la beauté et la puissance des mots. C'est également ce que fait André Blondel Tonleu Mendou dans les « Versets du pacifique », mais à travers l'art de la poésie.

Le pacifique évoque un idéal. Il suggère parfois quelque chose d'exotique, incite à la rêverie, à l'utopie. C'est l'inatteignable – ou plutôt l'inatteint – qui contraste avec le contexte actuel ainsi qu'avec notre vécu pendant la pandémie. Un mot aux innombrables significations, tout autant que l'auteur, maître attesté et primé pour son éloquence, possède de talents.

Peut-on être un citoyen et un poète engagé en 2022 ? Il nous démontre que oui.

Les « Versets du pacifique » confirment l'habilité spectaculaire d'André Blondel à jongler avec les mots tant écrits que déclamés, tout en leur conférant un sens profond. Au fil des pages, le lecteur est plongé dans la réflexion. Il n'y a pas de place pour le vide, mais que pour l'espoir et pour exprimer des vœux.

Par exemple, celui de voir le continent africain finalement émancipé de la frustration de l'imitation de l'occident – la lettre minuscule est intentionnelle – qui a voulu et continue de vouloir s'imposer comme un modèle. L'Afrique abusée et désabusée devrait en revanche mériter la déférence que l'on doit à la Mère, le berceau de l'Humanité toute entière. Blondel appelle à l'autodétermination et l'affirmation des africains ainsi qu'au respect de leur autonomie. Il nous met face à nos démons dans ses invectives contre les discriminations, les stéréotypes post-colonialistes et les fantasmes impérialistes qui parfois perdurent, et nous induit à réfléchir sur nos comportements, y compris inconscients, que nous soyons acteurs, témoins ou victimes de ces processus malsains.

Pour l'auteur, la politique devrait être un engagement quasiment sacerdotal mais le jeu des partis politiques et la corruption empêchent trop souvent la construction d'institutions saines et efficaces (« République bananière » et « Opposant tropical »).

Au travers de sa poétique, nous sommes invités à l'introspection mais également à l'analyse du monde qui nous entoure ; l'auteur nous prône avec sagacité à le changer, ce monde, pointant du doigt les inégalités. La poésie devient donc instrument contre l'enfermement et le repli sur soi, le nombrilisme, l'occidentalo-centrisme surtout. Elle apparaît comme une cure pour décloisonner, pour abattre les murs qu'il nous faut démolir.

« La poésie est une insurrection contre la société » affirmait Aimé Césaire : nous sommes ici incités par le plaidoyer touchant de Blondel à nous insurger contre cette société de la solitude, contre la haine, contre les divisions. Avec des vers il nous parle de droits humains, notamment des albinos, des réfugiés, des jeunes ou encore des femmes, qu'il considère « des reines (...) nées pour illuminer le monde » mais qui restent encore « des jouets de l'histoire ». L'auteur définit la xénophobie comme une « maladie infantile » ; une maladie qui ne touche vraisemblablement que les adultes. Qui est l'Homme noir sinon mon frère ? L'activisme déterminant de Blondel dans sa carrière suinte ici et là entre les rimes, pour arriver droit au cœur. Il n'est pas un hasard que nous nous soyons rencontrés à une conférence contre le discours de haine. La Fraternité est en effet ancrée dans pratiquement tous les textes des *Versets du pacifique*. Elle s'est révélée à beaucoup pendant la pandémie de la Covid-19, pour le moins à ceux qui ont su la reconnaître ; parfois ce sont nos vulnérabilités en tant qu'êtres humains qui nous rapprochent. Citoyens et responsables politiques ont des leçons à tirer de ce cataclysme qu'a représenté la crise sanitaire. Comme le rappelle le texte « Saisir le taureau par les cornes », cette dernière a mis en exergue toutes les inégalités qui caractérisent nos sociétés, au Nord comme au Sud, sans distinctions. Les hommes ont changé avec cette expérience ou bien doivent se hâter de le faire, et la politique et le politique aussi : tous ont désormais conscience que ce n'est qu'unis que l'on peut affronter les crises.

Outre les grandes inspirations sur les enjeux du monde, André Blondel touche également les cordes les plus sensibles et profondes de notre âme en nous parlant de sentiments, de relations, en un mot : d'Amour. Que le lecteur n'y voie pas de contradiction, bien au contraire. Jacques Prévert lui-même définissait la poésie comme « le plus joli surnom qu'on donne à la vie » et l'amour ou l'amitié en font partie, fort heureusement. Et quel meilleur moyen que la poésie pour en parler donc ? Verset après verset, le poète se fait intimiste, au travers d'une confession qui nous invite à nous regarder nous-mêmes dans le miroir, et au fond de nos cœurs. Blondel conjugue l'Amour pour un être cher avec celui pour les nobles causes, qui coexistent dans les hommes droits, ceux qui sont destinés à faire la différence en ce bas monde.

Pierre Bourdieu, lors d'un débat au Palais universitaire de Strasbourg, avait déclaré ce qui suit : « S'il y a un groupe vers lequel on pourrait se tourner pour chercher des modèles, ce serait par exemple les poètes ! (...) Ce sont des personnes sans marché et qui ont tellement d'investissement, tellement de croyance dans ce qu'elles font (...) » En revêtant son habit de poète, André Blondel appelle à la réalisation d'un idéal, son idéal : pacifier le monde, le rendre meilleur, avec une place pour chacun et le respect pour tous.

« Les hommes naissent libres et égaux en droit » : les *Versets du pacifique* nous le rappellent de la plus mélodieuse et éloquente des manières. Il nous faut entendre ce cri d'espoir et accueillir cette ode à l'Unité, dans le respect et la célébration des diversités qui ne font que nous enrichir car, comme récite « Djihad », les couleurs font d'un tapis sa beauté. Reconstruisons alors un paradis perdu où tous puissent vivre en paix.

Bonne lecture.

Son excellence madame Sylvie Bollini
Ambassadrice de la république de Saint-Marin

Avant-propos

Cet ouvrage poétique tente de proposer quelques repères éthiques, voire pacifiques pour un monde nouveau. Il est né d'un constat : la mondialisation et la démocratisation ont réveillé partout dans le monde les nationalismes, les aspirations identitaires, les conflits ethniques. Depuis la fin de la guerre froide, les luttes pour la reconnaissance de soi et de son groupe sont devenues les paradigmes principaux des conflits politiques. De nombreux conflits opposent non seulement des États, soit directement, soit par bandes armées ou rebelles interposées, mais aussi, à l'intérieur de certains États, des communautés linguistiques, culturelles se combattent au non de leurs identités. Paradoxalement, le dégel des relations internationales, accentué par la nouvelle forme du néocolonialisme a installé les peuples dans un degré de paupérisme au-delà du réel, c'est pourquoi en Afrique, le peuple en vivotant doit se frayer un nouveau passage pour résister à la condition humaine. Les poudrières ethno-régionales en Afrique, qui renversent la table des valeurs ; le sentiment de marginalisation de certains groupes ethniques, les conflits économiques d'accès à la terre et aux ressources naturelles, y compris l'eau et la forêt, ont conduit à des ajustements politico-administratifs, taillant la régulation politique sur des équilibres précaires. La surchauffe identitaire et ethnique a été utilisée, soit comme un alibi de remembrement des aires électorales, soit comme un motif, présentés, comme sauveurs de la paix et de l'unité nationale.

La protection des droits de l'homme n'a pas échappé à ce réveil de la différence et de la perception de l'autre autant que de la représentation de soi-même. Nombreux sont les conflits qui tirent leurs assises belligènes du sentiment d'exclusion et de domination des affaires publiques du Pays par un groupe sociologiquement déterminé. Ces conflits ont été la cause des violations graves et massives des droits de l'homme. Ce sont des sociétés partisanes et meurtries qui sortent de ces tourbillons ethno-identitaires, constituant ainsi un handicap sérieux pour la construction d'une société de droit.

Pourtant ; du sein de ce désarroi, surgit peu à peu une requête qui montre que l'on ne se débarrasse pas si facilement du « *paradis perdu* ». Comme si cela ne suffisait pas, la dernière erreur de notre civilisation mondiale actuelle, c'est le vandalisme du développement. Ce que nous appelons développement dans le monde aujourd'hui a été un vaste mythe et une idéologie qui a justifié le style de vie irresponsable dont nous souffrons aujourd'hui. On nous l'avait présenté en Afrique comme le projet d'un progrès pour les peuples, « une lueur d'espoir » le développement est devenu notre drame, une machine à produire les inégalités et la misère, l'endettement et l'exclusion, le désespoir et la précarité. Mais dans la protection des intérêts coloniaux essentiellement hégémoniques, « *la chèvre broute là où elle est attachée* ».

Que s'est-il passé pour que le rêve se transforme en cauchemar ? Nous avons tout simplement oublié que l'humanité a des bases spirituelles et que tout processus qui détruit ses bases conduit un jour ou l'autre à une catastrophe. C'est le mode impérial au-delà du rêve africain

Comme l'a bien vu Edgar MORIN, le développement tel qu'il est vécu aujourd'hui « *ignore ce qui n'est ni calculable ni mesurable, c'est-à-dire la vie, la souffrance, la joie, l'amour, et sa seule mesure de satisfaction est dans la croissance (de la*

production, de la productivité, du revenu monétaire). Conçu uni-
quement en termes quantitatifs, il ignore les qualités : les qualités
de l'existence, les qualités de solidarité, les qualités du milieu, les
qualités de la vie, les richesses humaines non calculables et non
monnayables ; il ignore le don, la marginalisation, l'honneur, la
conscience. Sa démarche balaie les trésors culturels et les connais-
sances des civilisations archaïques et traditionnelles : le concept
aveugle et grossier de sous-développement désintègre les arts de
vie et sagesses de cultures millénaires[1] ».

Nous sommes devant un vandalisme féroce qui produit un véritable sous-développement moral et psychique. Les États Africains rythment à la cadence des républiques bananières, couvert par un antalgique appelé village planétaire et qui a conduit dans la situation où pèse une menace d'anéantissement.

Tous les sages de notre planète ne cessent de nous mettre en garde contre le mode de vie actuel qui a divinisé l'argent. Les grands de ce monde restent sourds à ces conseils. Nous paierons cette surdité un jour ou l'autre. Il est impossible que nous agressions à ce point la nature au point de vouloir la détruire sans qu'elle réagisse un jour.

Nous autres africains, nous ne pouvons continuer à assister, passifs et impuissants, à l'expansion de la civilisation du développement dans ses nuisances actuelles. L'heure est venue de penser d'autres modes de vie et d'autres manières d'être fondés sur la qualité de l'existence de la vie. Les *Versets du pacifique* viennent à point nommés, battre en brèche le racisme, la discrimination de l'homme noir, le brouillard du désespoir, le chauvinisme, la suprématie raciale, la violence policière, l'acculturation ; pour faire comprendre aux Africains qu'ils sont

---

1   Edgar Morin « Pour une politique de l'humanité », *Le Monde* ; 26 août 2002.

aussi des humains au-delà du virus liberticide qui a protégé le pouvoir impérial pour instaurer la loi des lions en Afrique, qui les plonge dans la nuit noire ; l'esprit du bien dans la laïcité, lié aux grandes sagesses de nos traditions culturelles, offre aujourd'hui des sources d'inspiration pour un autre horizon, celui qui garantit à l'être humain un environnement physique, social agréable et humain. C'est pourquoi l'auteur de cet ouvrage poétique revient sur les fondamentaux du communautarisme africain : « ubuntu », qui incarne ; l'amour du prochain qui est loin d'être le prochain immédiat mais le lointain, l'hospitalité, la fraternité. Le bien-être est à ce prix, dans le choix d'une vie sensible à la haute sagesse du Christ : que sert-il à l'homme de gagner l'univers s'il perd son âme, s'il anéantit sa propre vie, s'il détruit toutes ses chances d'avenir ?

En outre, l'égarement de notre société, pour ne pas parler du monde actuel que nous pouvons appeler l'égomanie ou l'idolâtrie d'un « moi » surdimensionné et absolutisé. Ce néologisme d'égomanie désigne la conséquence d'une réalité dont le livre de la Genèse parle lorsque le serpent dit à Adam et Ève qu'ils seront comme Dieu. Aujourd'hui, cette prophétie démoniaque s'est accomplie et nous avons créé une civilisation dont la prétention est d'être Dieu lui-même dans tous ses pouvoirs, avec pour conséquence un ego qui gonfle à l'extrême. L'homme s'est mis à vivre de vanité, d'agressivité et d'instinct de domination parce qu'il ne sait plus reconnaître ses limites. Il grimpe toujours plus haut avec une échelle rongée par les termites. Mais il se dit : « Je suis capable d'aller plus haut. » Sa vanité le conduit à adorer son propre nombril. Déterminé par cet esprit, chaque personne cherche à devenir le centre du monde, et se trouve confrontée à d'autres « ego » aussi gonflés de vanité qu'elle-même. Les peuples se laissent prendre à ce jeu de divinisation de soi. La lutte féroce devient alors la modalité concrète des relations humaines, mettant dans l'ombre la vérité primordiale de la coopération et de la solidarité. On rivalise d'ardeur dans la fabrication de tout ce qui détruit l'homme. Il faut le dépasser dans sa capacité de nuisance, de destruction, c'est la façon de se faire respecter. Cette recherche du « super ego » est devenue une obsession tant pour les hommes que pour les États dont certains n'hésitent pas à s'appeler superpuissances. Même les tribus se divinisent, la société comme au Rwanda, provoque des génocides. Les régions entières s'embrasent. Le terrorisme s'institutionnalise et on arrive à désigner certaines nations comme des « États voyous » et à les taxer « d'axes du mal ».

Aujourd'hui, le travail à faire est de redécouvrir la modestie et la fragilité de notre condition humaine et à réapprendre la solidarité afin de vivre et de survivre ensemble. Jésus désignait cette exigence par le terme d'amour, mot dont les nations ne comprennent pas le sens et qu'il faut pourtant à tout prix intégrer dans leur vocabulaire et dans leurs pratiques socio-économico-politiques, si l'on veut que l'humanité ait un avenir.

Cependant, à travers cette apparente diversité, il existe, je crois, une véritable unité. Le lecteur ne manquera pas de découvrir en effet que plusieurs idées forces s'illustrent à travers les versets :

- L'être humain est un être radicalement limité ou, pour employer les termes plus philosophiques, l'homme est foncièrement marqué par la finitude. Il n'existe de libération vraie que celle qui prend acte de cette finitude radicale. C'est dire que le chemin de la liberté est toujours un chemin où l'on apprend à reconnaître que l'on n'est tout puissant ni dans la constructivité ni dans la destructivité.

- Limité par des conditionnements parfois considérables (somatiques, psychiques, sociaux), l'homme garde toujours une zone de liberté qui lui permet de croire en l'humanité. Il n'est pas de véritable liberté que celle qui prend pleinement en compte le réel dans toute son ambiguïté, voire dans ses contradictions.
- L'agir moral, voire pacifique, est toujours régulateur de conflits de valeur. S'humaniser, c'est refuser le double purisme de tout ou rien et du tout, tout de suite ; c'est en définitive quêter son humanité dans les compromis des décisions toujours imparfaites et dans la lenteur du temps. C'est pourquoi humanité et patience sont au cœur de toute vie morale.
- Tout être humain, si perturbé ou si pécheur soit-il, est appelé à la sainteté. Telle peut être l'une des affirmations les plus centrales des *Versets du pacifique*. Personne n'est condamné à rester éternellement dans l'échec ou simplement dans l'hibernation. Puissent donc ces pages aider le lecteur à faire sien toujours davantage, le cri de cet homme multidimensionnel qui rêve de l'Africain « *un être à part entière et non un être entièrement à part.* »

Ce document ne prétend pas offrir une vue totale et totalisante des réalités étudiées. Les moyens modestes de l'auteur ne pouvaient que peu soutenir une telle prétention. Il n'en demeure pas moins que les outils d'analyse proposés peuvent à présent servir pour élargir le champ du débat car c'est un premier champ qui a été franchi.

Dr Jean YEMENE KENNE
Cameroun, 20 mai 2022

Dédicace

À Anatole et Sabine Mendou-Mes parents et premiers fans ;

Et à Hadrien Elie et Noémie Sabine dont les rayons lumineux
Rendent le monde plus merveilleux !

Table des matières

Ubuntu[2]

La diversité des couleurs d'un tapis fait sa beauté,
Elle devrait attiser la paix d'entités,
Qui n'arriment pas toujours leurs couleurs dorées !

L'Africain est un être à part entière,
Et non un être entièrement à part !
L'accent sur les différences est une part
De tensions sociales, et l'Afrique mère
Devra célébrer dans l'allégresse
Ses divers accents !

Ce sans quoi elle tirera toujours le diable
Par la queue et les Africains,
Devenant des loups pour des Africains.

L'Ubuntu c'est le fait d'aider ses frères,
Parce qu'ils sont nos frères,
C'est croire qu'on existe
Parce que nos frères existent !

---

2   Pensées suite aux actes de xénophobie en Afrique du Sud ou des Afri-
cains s'opposent à d'autres Africains, suite à des actes de jalousie dans la
communauté Africaine de la diaspora où des clans s'opposent, ainsi que
le tribalisme qui sévit fortement dans les communautés nationales !

Ce n'est pas détester son frère,
Ou faire semblant d'aimer son frère,
C'est aider son frère dans la fraternité,
Travailler avec son frère dans l'hospitalité !

C'est lui apprendre à pêcher du poisson ;
Et à chasser des Hérissons ;
C'est faire preuve de solidarité ;
Entre sœurs, entre frères !

Détourner des fonds publics n'est pas l'Ubuntu !
Détourner des entreprises n'est pas l'Ubuntu !
Sacrifier l'avenir de son pays pour des intérêts
Personnels n'est pas de l'Ubuntu !

Où est donc cette Afrique glorifiée ?
Et ses valeurs d'Honnêteté !
Où est donc cette Afrique de solidarité ?
Et ses communautés consolidées !
Où est donc Cette Afrique,
Maîtresse de valeurs magnifiées ?

La xénophobie est une maladie infantile,
Qui mine durablement l'amabilité fertile,
De communautés déjà peu versatiles !
Elle détournera l'Afrique de sa destinée convoitée,
Et de son passé bâti sur les hauteurs de dignité !

Être frère c'est pouvoir aller du Cap au Caire,
Être frère c'est incarner l'Afrique entière,
Être frère c'est célébrer nos divers accents,
Être frère c'est faire preuve de fraternité,
Être frère c'est être totalement sincère,
Tel que notre sourire soit des plus clairs,
Tel qu'on oppose à la haine communautaire,
L'amour du prochain, l'amour du frère !

Nous sommes tous des humains !
Nous venons tous d'une famille humaine,
Nous venons tous d'un village d'Afrique,
Nous sommes tous des enfants d'Afrique,
Nous sommes les enfants d'une même mère,
Cette mère au centre des océans et mers !

L'Afrique est notre mère patrie,
L'Afrique est notre fratrie !
L'Afrique est unique et chevalière,
L'Afrique doit demeurer hospitalière !

Parce que seul on va peut-être vite,
Mais ensemble on va certainement plus loin[3] !

Umuntu ngumuntu ngabantu !

---

3   Proverbe Africain.

Des Hommes entièrement à part[4]

Aujourd'hui, l'esprit du racisme ;
Rôde toujours à l'horizon ;
Aujourd'hui, l'esprit du racisme
Plane encore dans les airs de notre ère !

Aujourd'hui encore, l'Homme noir ;
Reste victime de discrimination ;
Et des plus grandes ségrégations.
Il vit encore des humiliations ;
Dans un monde sensé, être
Auréolé des plus grandes civilisations !

La loi a toujours été plus sévère
Lorsqu'on est un Noir !
L'homme noir,
Souffre encore dans son corps
Et son âme du simple fait d'être Noir !

---

4   En hommage à George Floyd lâchement assassiné par la police amé-
ricaine, et aux défenseurs de la justice sociale.

L'Homme noir
Demeure un sous-Homme,
Un homme entièrement à part ;
Et non à part entière,
Simplement parce qu'il est Noir !

La discrimination demeure subtile comme,
Une main de fer dans un gant de velours.
Il subsiste tel ce caméléon qui change de couleur,
Il résiste comme ce loup arborant une saveur,
Une odeur d'agneau sacrifié !

La ségrégation reste institutionnalisée et systématisée,
Elle reste subtile et systémique ;
Et dans une certaine mesure, épidémique.

L'Homme noir est confronté à un système
Huileusement établi qui, tel un réel problème,
Et à l'image d'un caillou dans ses poulaines,
Bloque son intégration dans le système !

L'Homme noir vit encore dans un îlot
De misère au Cœur d'un vaste océan de richesse ;
Il reste condamné aux ghettos
Misérables qui oscillent sur l'opulence pécheresse,
Dégagé par la majorité parée de duchesse.
Il reste condamné à une certaine petitesse !

Pourtant nous sommes tous des humains !
Pourtant nous faisons tous partie du genre humain !

Si un Africain se blesse, le sang qui jaillira sera rouge !
Si un Indien se blesse, le sang qui sortira sera rouge !
Si un Caucasien se blesse, le sang qui surgira sera rouge !

Peu importe notre couleur de peau,
Nous sommes tous des humains !
Nous sommes tous nés libres et égaux !

La couleur de la peau,
La couleur des yeux,
Ou la texture des cheveux,
Ne déterminent pas le vœu
À être heureux ou malheureux !

La Dignité humaine à elle seule,
Accorde une telle valeur !
Cette dignité est un droit,
Du simple fait d'être humains !
Cette dignité n'est pas un choix !

Elle est un droit !
Un droit des humains !
Parce qu'ils sont des humains !

Pourquoi tant de haines !
Pourquoi tant de peines !

Nous avons la responsabilité historique
De briser ces barrières !
Nous avons la responsabilité politique
De prôner et respecter
La dignité de tout être humain !

Peu importe son ethnicité,
Peu importe son hérédité,
Peu importe sa nationalité !

Nous avons la responsabilité historique
De faire du monde un lieu pacifique,
Propice aux valeurs philanthropiques,
Et qui s'oppose aux tendances misanthropiques !

Même s'ils ne nous ont pas donné
De l'amour,
Donnons-leur l'amour qu'ils
Ne nous ont pas donné !

Nous appartenons à une nouvelle génération,
Nous n'avons connu ni esclavage ni colonisation,
Nous devons faire du monde un endroit ensoleillé,
De Justice sociale, justice raciale, liberté et d'égalité !

Non au racisme ;
C'est une honte pour l'humanité !
Non au chauvinisme ;
C'est une maladie pour l'interculturalité !

Non à la suprématie raciale ;
C'est un cancer qui mine la société !
Non à la violence policière ;
C'est l'agent vecteur de la brutalité !

Toutefois, n'ayons pas peur de dénoncer !
N'ayons jamais peur de dénoncer !
N'ayons pas peur de résister !

Dénoncer tout acte raciste !
Dénoncer tout acte ségrégationniste !
Dénoncer tout acte tribaliste !

Résister à toute idéologie raciste,
Résister à tout acte chauviniste !
Résister à toute tendance claniste !

N'ayons pas peur !
N'ayez pas peur !
N'ayons jamais peur !

Croyons-en la justice sociale !
Croyons-en la justesse sociale !
Croyons-en l'égalité sociale !
Croyons-en l'équité sociale !

N'ayons pas peur !
N'ayez pas peur !

Croyons à la force du droit !
Et non au droit de la force !
Croyons à la force des lois justes !
Et non à la force des lois injustes !
Parce qu'à une loi injuste,
Nul n'est tenu d'obéir[5] !

Pas de justice, pas de paix !
Pas de justice pas de paix !

---

5   Saint Augustin.

Paradis perdu[6]

En Afrique, ils se moquent de sa langue ;
Il parle d'autres langues ;
Il rêve de vivre au-delà de la méditerranée ;
Il rêve d'une vie paradisiaque au-delà des Pyrénées !

En Afrique, il singe l'occident ;
Il réfléchit comme des Occidentaux ;
Pense comme des Occidentaux ;
S'alimente comme des Occidentaux ;
S'habille comme des Occidentaux ;
Oublie qu'il est encore sur le continent !

En Afrique, il rêve d'un paradis lointain ;
Un Paradis posé en pays de gloire ;
Une terre promise où l'eau est un torrent ;
Une terre où couleraient du lait et du miel ;
Un paradis où l'abondance de sel
Est Semblable aux étoiles du ciel !

---

6   Pour les personnes déracinées du pays natal.

En Afrique, il parle français, anglais ;
Parle espagnol, portugais ;
Parle italien, mandarin, japonais ;
Parle russe, allemand ou hollandais ;
Est le meilleur élève des Cantonais !

En occident, il se croit Européen, mais,
Fait face aux victimisations.
Il se dit Américain, mais,
Fait face aux discriminations !

Condamné à l'exil générationnel,
Il vit une ghettoïsation culturelle ;
Obligé de fournir des efforts
Mécaniques plus que des forts,
Obligé de fournir des efforts
Tels ceux demandés au bœuf,
Au buffie ou à l'âne !

En occident, il a une vie en panne ;
Et demeure fragile plus qu'un œuf !

Il rêve aussitôt du paradis perdu,
Face à la vie devenue ardue.
Il demeure nostalgique d'un passé,
Un passé qui ne semble pas être passé ;
Un passé qu'il ne veut plus abandonner ;
Parce que confronté à la triste réalité !

Aujourd'hui éternel élève,
Il demeure nostalgique de ses privilèges,
Traditionnels, ses titres de notabilité ;
Comme un oiseau, il voit s'envoler
Sur les arbres, son honorabilité ;
Son pays de rêve semble être un cauchemar ;
Et sa vie de rêve, un réel tintamarre !

Il devient défenseur de sa culture ancestrale,
Se pose en rassembleur magistral ;
Et promoteur de valeurs libérales !

Il se sent investi d'une mission présidentielle,
Parce qu'il croit avoir suffisamment d'ailes,
Il retourne aux langues maternelles,
Afin de limiter l'impact du génocide culturel,
Qui menace les gens de sa nation,
Mais surtout ceux de sa génération !

Il commence à s'habiller comme dans son pays ;
S'initie aux valeurs et coutumes de son pays ;
Évoque à la moindre occasion son passé glorieux ;
Le passé glorieux de son peuple, ses empires chanceux !

C'est l'immigrant africain, c'est l'Homme africain !
Il vit comme un Occidental en Afrique ;
Et vit comme un Africain en Occident ;
Il n'est pas Africain en Afrique ;
Mais le devient quand il quitte l'Afrique ;
Il n'est pas occidental en Occident ;
Mais le devient quand il quitte l'Occident !

Comment l'Afrique sera-t-elle respectée ?
Si nous ne faisons pas preuve d'authenticité !
Comment l'Africain sera-t-il magnifié ?
S'il demeure ce mendiant assis sur une
Mine de diamant sous-exploité !

S'il est vrai que le poisson sorti de l'eau
Ne peut vivre en eau trouble,
Tel est le cas de l'Africain qui hors de son réseau
Culturel, hors de son milieu naturel d'espoir
Demeure un simple jouet de l'histoire !

Plus que jamais l'Africain devra être fier !
Fier de son africanité,
Fier de son identité !
Fiers, simplement Fier !

Plus que jamais, l'Africain devra savoir qu'il est fils d'Afrique,
Avant de conquérir ce monde tragi-comique !
Il devra savoir que l'oiseau a beau voler dans le ciel,
La nuit lui rappellera toujours qu'il a un nid[7] !

Que sa culture est à lui ce que l'eau est à la nature.
Quand la nature n'a pas d'eau, elle se dessèche et se meurt.
Et que dépourvu de sa culture, il est un homme mort !

Que compter jour et nuit la fortune du voisin,
Ne fait pas de nous une personne authentique.
Qu'on ne peut être fier de soi qu'au parfum
De sa propre culture !

---

7   Sagesse africaine.

L'Africain devra aimer son pays !
Il devra aimer l'Afrique et ses beaux paysages !
Il devra vénérer cette terre sacrée source de vie !
Il pourrait à cette condition découvrir son paradis :

L'Afrique et ses terres au goût de miel !
L'Afrique et ses rayons de soleil !
L'Afrique et ses sites emblématiques !
L'Afrique et ses danses authentiques !
L'Afrique et son peuple pacifique !
L'Afrique et ses sagesses magiques !

Amour transatlantique[8]

Le binguiste[9] était de retour au pays natal ;
Après des années en France, il était de retour,
Un retour magistral et aux allures de carnaval,
Il était de retour sur un cheval blanc le jour,
Et dans une ambiance digne des grands festivals !

Il venait courtiser sa dulcinée singulière,
Cette femme Inconnue, au regard de chevalière,
Qu'il aimait sans le savoir,
Et qui l'aimait sans forcément le savoir !

Sa famille reçut de nombreuses candidatures,
Il devrait jeter son dévolu sur une candidature,
Un choix qui mettrait en surbrillance les atouts
Physiques, intellectuels et culturels de la candidate !

---

8   Versets pour les expatriés qui retournent au pays natal chercher l'amour !
9   Se dit des immigrés qui vivent en Europe ou dans les Amériques et retournent au pays natal chercher l'âme sœur.

Au parfum de la candidature de Barbara,
Le chevalier, pris par le coup de foudre, n'hésita
De se laisser emporter par cette beauté,
Une beauté ponctuée par un regard qui tue,
Une beauté au regard de statue,
Un regard qui tue à la vitesse d'un éclair !

Formée telle une guitare, avec ses formes généreuses,
Le chevalier d'occident fut aussitôt heureux,
Il était comme par enchantement amoureux !

Le mariage était beau, aux allures de carnaval,
Le mariage fut majestueux et même pompeux,
L'amour faisait croire à une fusion des amoureux,
Le mariage fut jovial et convivial !

Les deux familles se sentaient bénies des dieux,
Et se rendirent à l'aéroport,
Un aéroport à vol d'oiseau du port,
Accompagner les deux tourtereaux,
Qui devaient S'envoler dans les cieux,
Pour une lune de miel aux accent langoureux !

Une lune de miel aux fleurs exotiques,
Une lune de miel au goût de miel,
Une lune de miel aussi belle que le coq,
Et ses plumes rutilantes,
Une lune de miel aux odeurs, et couleur de l'amour,
L'amour qui aura été le leur !

L'amour qui les aura fait rêver l'un l'autre,
L'amour qui les aura attirés l'un l'autre,
Comme le parfum des fleurs attire les abeilles,
Comme le coq séduit la poule de son beau plumage !

À Paris, Barbara, comme d'un coup d'éclair,
Et comme un caméléon change de visage,
Elle change complètement d'image !
Elle change de couleur en plein hiver,
Et retourne son manteau d'hiver !

Le chevalier ne reconnut plus sa fleur astrale,
Se livrant désormais à la galanterie vénale.
Elle n'assuma point ses obligations conjugales,
Ses obligations familiales !

Parce que trop belle pour les assumer,
Parce que trop émancipée pour les assumer,
Parce que devenue un peu trop féministe,
Parce que devenue un peu trop matérialiste,
Parce que rendue un peu trop corporatiste !

Un certain matin, la police détestée
L'arrêta, tel un agneau sacrifié,
Sur le fondement d'une plainte déposée
Par sa bien-aimée, par sa dulcinée !

Dans les fonds et tréfonds
De sa cellule sombre,
Il réalisa qu'il était dans des décombres !

Condamné à subir un dossier criminel,
Qui pèsera sur ses épaules telle une épée
De Damoclès aux allures sempiternelles,

Condamné pour avoir aimé une femme,
Une femme dans son pays,
Une femme de son pays,
Selon les vœux pieux des gens de son pays !

Condamné à subir la honte de sa famille,
Condamné d'avoir aimé une fille,
Et d'avoir simplement aimé une fille,
Au-delà de l'atlantique !

L'amour emprisonne,
Et si aimer est un crime ?
Faut-il pour autant plaider coupable ?

Il regretta d'avoir cherché
Un amour resté perché,
Sur les arbres des forêts sacrées
Et les arbustes des savanes hantées !

Il regretta ces amoureuses parisiennes
Qui lui ont conté fleurette,
En déclarant leur flamme !
La flamme qui brûlait en elles,
Pour un chevalier qui, pour ces belles,
Demeurait la coqueluche éternelle !

Au moment particulier où
Le vent de l'atlantique avait emporté
Ses émotions, ses sensations amoureuses,
Vers des îles lointaines, des pays lointains !

Au soir de longs battements de cœur,
Il comprit tout bas en cœur,
Que L'amour n'a pas de frontière,
Que L'amour est sans frontière,
Que L'amour transatlantique était risqué !

Que cet amour d'un genre nouveau,
Serait semblable à ce poisson rare qui, pêché,
Sans pourtant commettre le moindre péché,
Glisse délicatement dans l'océan,
Et s'offre sans hésiter au prédateur,
De la toute première heure !

Sacrifice d'amour

En consacrant sa vie pour l'amour,
Parce qu'il le faisait triompher,
Contrairement aux vœux de l'empereur
Claude II qui craignait que l'amour ne,
Freine l'engagement militaire des amoureux,

Valentin, ce grand défenseur du mariage
Et de l'amour dans le mariage,
Ne pouvait imaginer sans ambages ;
Qu'un tel combat, sacré avec glamour,
Serait vécu aujourd'hui avec tant d'humour !

Les entrepreneurs devenant plus amoureux,
Parce que la Saint-Valentin en fait des heureux,
Des entreprises au chiffre d'affaires prestigieux,
Suscité par un jour dédié aux amoureux !

L'amour devenant beaucoup plus passionnel,
Et les tourtereaux beaucoup moins rationnels,
Se regardant les yeux dans les yeux,
Avec les regards parfois braqués vers les cieux
Mais oubliant de regarder vers les mêmes passerelles !

Au nom de la fête de l'amour,
Des couples se sont détestés,
Au nom de la fête de l'amour,
Des familles se sont disloquées,
Au nom de la fête de l'amour,
Des regards se sont croisés,
Mais d'autres hélas ! se sont éloignés !

La fête de l'amour vaut-elle l'amour ?
Est-ce suffisant d'offrir une rose ce jour,
Pour prétendre aimer pour toujours ?
Qu'adviendra-t-il des autres jours ?

L'amour est vital pour l'humanité,
Et ne saurait se limiter à une festivité,
Qui se déroule un fameux jour de février,
Car sa flamme restant allumée pour l'éternité !

Être amoureux c'est aimer sa dulcinée,
C'est aimer son bien-aimé
Avec la grande civilité,
Et l'éternelle magnanimité !

C'est Partager la bonne humeur,
Faire parler son cœur,
Même dans la grande rancœur !

Mais être amoureux c'est aussi,
Aimer la justice sociale,
Aimer le progrès social,
Aimer le bien-être social !

Être amoureux n'est pas seulement,
Se regarder dans les yeux,
Ou s'envoler vers les cieux !

Mais c'est aussi aimer des causes nobles,
Amadouer les valeurs nobles,
Mais enfin, c'est savoir qu'on ne perd pas son temps,
À prendre tout son temps,
Pour le triomphe des causes nobles !

Des causes qui consolident aussi l'amour,
De l'aurore au crépuscule,
Des causes qui valorisent l'amour,
Des causes qui sacralisent l'amour,
Et pas seulement pour un temps ;
Mais pour tout le temps !

Au grand bonheur des communautés,
Au grand bonheur des sociétés !
Au grand bonheur des dulcinées !
Au grand bonheur des biens-aimés !

Valentin est mort,
Que l'amour soit fort !

Ils sont aussi des humains[10]

L'albinisme n'est pas un crime,
L'albinos n'est pas un criminel,
C'est une maladie génétique,
Un simple déficit de mélanine !

Ils ont des Droits comme tout humain ;
Ils sont des êtres humains à part entière !

Nous vivons dans un monde qui les chasse et pourchasse,
Nous vivons dans un monde qui méprise en masse !

En Tanzanie, ils sont encore sacrifiés,
Pour des rites et rituels mystiques ;
En Tanzanie, il est source de pouvoir magique.
Au Malawi, l'albinos est chassé et sacrifié,
Pour assurer la prospérité économique des uns,
Pour assurer les appétits « pouvoiristes » des autres.
Au Malawi, l'albinos reste un sous-homme !

---

10 Pour la reconnaissance des Droits des personnes albinos !

Malgré son sens de l'humour,
Il trouve rarement l'amour.
Malgré son Droit à la vie et à la survie,
Il risque d'être sacrifié à son arrivée dans la vie,
À l'autel de pratiques mystiques et métaphysiques !

L'enfant albinos divise encore les couples,
L'enfant albinos est encore un mystique qui
N'augure pas de lendemains souples !

Arrivera un jour où leur Droit à la vie sera appliqué,
Arrivera un jour où leur Droit à la santé sera consolidé,
Arrivera un jour où leur Droit à la sécurité sera une réalité,
Arrivera un jour ou leur Droit à la dignité sera respecté !

Malheureusement, ce jour n'est pas encore arrivé !
Malheureusement, ce jour semble encore éloigné !

Quand est-ce que ce jour arrivera ?
Quand ? Quand est-ce que ce jour viendra ?
Dans 100 ans ? Dans 50 ans ?

Les pleurs et l'ampleur des violations en ces heures,
Imposent que ce soit maintenant ou jamais !

La simple passivité est synonyme de complicité,
Dans ce combat sacré qui vise à redorer le blason,
D'une minorité, oh combien marginalisée,
Depuis des années !

L'éducation à l'albinisme serait l'une des clés de résolution !
La vulgarisation des Droits et de la loi serait une clé de solution !
La répression de contrevenants par l'État une évolution,
Dans cette lutte contre les discriminations,
Cette lutte contre les stigmatisations !

Parce que les albinos doivent être protégés !
Parce que les albinos doivent être sécurisés !
Parce que les albinos sont nés pour briller !

Saisir le taureau par les cornes

2020 marquera à jamais les livres d'histoires !
Il y a pourtant quelque temps que
Nous étions au début de cette l'histoire,
Qui comme ce soleil matinal enjolivé
De ses couleurs chatoyantes et palpitantes,
Nous donnait de réelles raisons
De toujours garder espoir !

L'espoir à une belle fin de l'histoire ;
L'espérance d'avoir dû sourire au soir
De cette histoire !

Cet instant magique avait fait briller,
Comme ce grand gyrophare des soirs,
Une lumière brillante d'espoir,
Qui anesthésie toute idée de désespoir !

2020 a donc déjà retrouvé les annales de l'histoire ;
Et on ne peut cependant oublier que ce fut une année
Pleine de contours et multiples détours au marquoir,
Une année d'émotions et de compassion notoires,

Une année rythmée et cadencée par un être vivant abominé,
Un être tout petit, et seulement visible au microscope !

Le monde a été bouleversé, des rêves écroulés,
Des avions cloués, des pays confinés,
L'économie perfusée, et même anesthésiée,
Dans un climat social qui, loin d'être rose,
S'est avéré essentiellement morose !

Dans ce climat de guerre sanitaire,
Nous nous sommes lavé les mains.
Plusieurs fois, nous nous sommes lavé les mains,
Et nous continuons de nous laver les mains,
Afin d'éviter l'avancée d'un virus,
Qui ne cesse de faire la loi !
Qui ne cesse d'imposer sa loi !

Le lavage des mains nous fait penser
À un certain Ponce Pilate peu éthique,
Qui, par l'entremise d'une telle symbolique,
S'est débarrassé d'une cause politique,
Quand il pouvait prendre une décision historique,
Afin de changer la marche du monde juridique,
Et pleinement assumer une telle décision !

Devons-nous pour autant nous laver nos mains ?
Devons-nous laver nos mains de cette année difficile ?
Devons-nous pour autant nous laver les mains
Chaque fois que la direction du vent souffle contre nous ?
Chaque fois que le monde se retourne contre nous ?
Devons-nous demeurer des citoyens qui se lavent les mains,
Parce qu'ils ne peuvent prendre de décision historique ?

Ne nous lavons pas définitivement les mains quand
Le monde connaît les injustices les plus graves !
Quand des sociétés normalisent l'écart,
Tout en écartant la norme !

Ne nous lavons pas les mains :
Lorsque, nous sommes face à des situations,
Qui ne semblent pas dépendre de nous,
Lorsque nous pouvons par des efforts,
Secouer des cocotiers afin d'améliorer
La marche de nos sociétés et notre propre réalité !

Soyons les acteurs de notre propre histoire !
Et n'hésitons jamais de saisir le taureau par les cornes,
Influencer l'histoire et assumer nos décisions !
N'abandonnons jamais !
Ne baissons pas les mains,
Soyons des acteurs de la marche du monde, faisons l'histoire !
Si nous ne voulons pas subir l'histoire !

Peu importent les mystères que pourraient
Encore, nous réserver les prochaines années,
Il y a au moins une réalité que nous pourrons maîtriser :
L'espoir en toute situation d'ambiguïté,
Et le travail acharné face aux difficultés !

Ne cessons jamais de rêver,
Ne cessons jamais d'espérer,
Peu importent les contradictions de la vie !
Peu importent les conjonctures diverses,
Ou diverses conjectures de la vie !

N'oublions jamais que le succès ne vient
Pas toujours du jour au lendemain,
Et qu'un enfant qui veut apprendre à manger
Le festin des grands, se mord souvent la langue,
Parce que c'est à force de persévérer
Qu'on finit par toujours s'élever, toujours prospérer !

N'oublions jamais que la vie est semblable à un arc-en-ciel,
Et qu'il faut parfois la pluie ou le soleil,
Pour découvrir sa grande splendeur et ses couleurs éclatantes !

Reconnaissons enfin que parce que
Nous sommes des acteurs de notre histoire,
Bientôt le soleil étendra son spectre,
Reviendra, étoilé parmi les étoiles ;
Alors, en chaque tombe se réveilleront les cendres éteintes,
Partout, brûleront à nouveau les flammes de la vie !

Après la nuit, l'aurore

Le monde a été bouleversé
Par une pandémie sous-estimée ;
Une pandémie qui cette année,
Révolutionnera les mentalités !

Rien ne sera plus comme avant,
Le monde se doit de regarder devant !

La politique ne se fera plus comme avant,
Les partis politiques seront moins partisans,
Le consensus politique sera mis de l'avant,
Contre la discipline de parti et le fait partisan
Qui s'oppose à toute gestion de crise naissante !

Une crise sanitaire recommande l'union sacrée
De tous pour vaincre un ennemi détesté !

Les hôpitaux se sont engorgés
Et il urge de les désengorger.
Le système de santé surannée,
Nécessite qu'il soit réadapté ;
Réadapté pour des sociétés
Qui évoluent avec des réalités
Sanitaires parfois peu considérées !

La pandémie sonne, l'âge d'or
Du télétravail comme trésor ;
Pour une pléthore de patronats
Une pléthore de syndicats
Pour qui le télétravail pandémique,
Se doit de devenir endémique !

Parce qu'il procure le bonheur
Aux heures de malheurs,
Parce qu'il permet de vivre sa vie,
Et de développer l'instinct de survie,
Le télétravail, loin d'être latent,
Se devrait de devenir permanent,
Pour les employeurs qui le veulent,
Pour les travailleurs qui le veulent !

La pandémie remet au goût du jour,
Des droits de la personne pas à jour !
Le Droit à une connexion internet ;
Qui garantit l'existence dans une planète,
Marqué par une éducation virtuelle
Et l'essor des intelligences artificielles !

Le système éducatif de demain
Devra prendre totalement en main
Les réalités d'un monde technologique
Pour concocter des recettes scientifiques
Qui, comme d'un coup de baguette magique,
Changeront ce monde post-pandémique !

La pandémie restaure la qualité de l'air,
En redonnant le goût du plein air.
Les espèces se sont diversifiées,
Et l'environnement s'est régénéré !

La protection de l'environnement reste possible,
Que ce soit dans l'élaboration de politiques,
Dans des projets à saveur économiques :
La promotion de l'environnement n'est pas impossible !

Au crépuscule d'une pandémie si tragique,
On ne devrait plus voire le verre à moitié vide ;
Mais le voire à moitié plein !

C'est le temps de chercher cette lueur d'espoir,
Qui augure de lendemains optimistes,
Ce n'est pas le temps de sombrer dans le désespoir
Et de rester condamné aux lendemains,
Oh, combien parés d'inquiétude aux saveurs pessimistes !

Après la longue nuit pandémique,
Viendra l'aurore !

Monde impérial[11]

Ils appellent certaines langues
Patois ou dialecte,
Parce qu'elles n'auraient pas de langage
Clair, et forment des sous-langues,
Comparées à leurs véritables langues !

Ils sont des expatriés dans d'autres pays,
Pourtant d'autres sont des immigrés
Une fois rendus dans leur pays !

Ils sont des héros nationaux lorsqu'ils
Font preuve de résistance même au hasard ;
Pourtant ailleurs, les résistants sont des maquisards,
Des fauteurs en eaux troubles sans réel espoir !

Ils demandent à protéger nos léopards,
Nos singes, nos tigres et jaguars,
Ils demandent à protéger nos lions et guépards,
Nos baobabs, tamariniers et nénuphars,
Pourtant ils sont les plus grands pollueurs !

---

11 Pour un monde plus équitable !

L'avenir des peuples du sud
Ne semble pas préoccuper le Nord,
Qui présente toujours aux nations,
Une vision misérable de l'Africain,
Une vision misérabiliste du Sud-Américain,
Comme un éternel mendiant
Assis sur une mine d'or ou de diamant !

Quand on sait qu'il y a aussi une Afrique
Qui émerge, Une Afrique qui fait la fierté
De ses fils et filles, au même titre que la
Tour Eiffel de Paris, la Tour Cn de Toronto,
Ou les monuments de Saint-John,
De Madrid, de Lisbonne ou de Washington !
Quand on sait que l'Afrique est le berceau
Des nations, le berceau des civilisations !

Parce que pour eux, l'Afrique reste un enfer
Sur lequel baigne une catégorie d'individus,
Parce que pour eux, l'Afrique reste sauvage,
Parce que pour eux, les animaux domestiques
Et de compagnie sont des lions et léopard,
Dans une Afrique en marge du monde de la
Civilisation.

Une Afrique de tarzan,
Dans laquelle on vit encore de chasse et cueillette,
Dans laquelle on s'habille encore de peaux
D'animaux et de feuilles d'arbres hauts !
Parce que pour eux, l'Afrique est un zoo,
Un zoo évoluant en eaux troubles,
Qui rappelle l'Homme à l'état de nature !

Parce que pour eux, l'Afrique reste villageoise,
Parce que pour eux, elle ne peut être bourgeoise !

Leur droit national est international
Leurs valeurs sont internationales
Leur opinion est internationale
Leur langue est transnationale !

La communauté internationale
Reste un clan de quelques nations,
Qui fait du Droit international,
Un véritable Droit impérial !

Le Droit des nations Africaines,
Devenant droit international,
Et le droit national occidental,
S'imposant en Droit international !

La communauté internationale
Demeure un fantôme,
Une réalité nuageuse et nébuleuse.
Qui est réelle en deçà des Pyrénées,
Et virtuelle au-delà !

Elle intervient avec urgence quand
Ses intérêts sont menacés,
Et avec patience quand les enjeux
Contribuent à faire son jeu !

L'Afrique devra assumer son destin,
Elle devra écrire sa propre histoire,
Une histoire qui sera au nord et au sud du Sahara,
Une histoire de gloire et de dignité !
Une histoire qui tient compte de la version
Racontée par les lions et non celle des chasseurs,
Une histoire qui le glorifie éternellement,
Dans les contes et histoires de chasse !

Elle privilégiera des solutions africaines
Aux problèmes africains.
Elle devrait faire de la culture, un levier de
L'essor panafricain.
Elle adoptera une diplomatie identique,
Une défense atypique,
Une économie prolifique !

Elle devrait faire de l'Afrique le centre de rayonnement
Du monde, un Eldorado terrestre, digne de son histoire,
Glorieuse et envieuse !

Elle ne végétera plus à la périphérie de la mondialisation.
L'Afrique, telle cette luciole au cœur de la nuit,
Elle, l'Afrique, illuminera le monde de ses rayons lumineux.

Loi des lions

L'écroulement du mur de Berlin
Siffle la fin d'un jeu international,
Et ses nombreux enjeux !

L'ordre mondial bipolaire
Devient subitement unipolaire !
Et dans un ouvrage au titre fort imaginaire,
Fukuyama proclame la fin de l'histoire,
Marquée par une américanisation
Du Droit des nations.
Le dernier Homme serait Américain !

Le monde assiste impuissant,
À une américanisation du Droit international,
À l'écroulement du jeu international,
Par l'hyperpuissance d'un acteur,
Qui, par les circonstances, devient majeur !

Le monde assiste impuissant,
À une politisation du Droit,
Et à une juridicisation de la politique,
Qui fait du plus fort, le Jupiter juridique,
D'un monde sans contrat, un monde sans loi !

Pourtant, Le Droit n'est autre qu'une règle du jeu,
Entre les nations actrices du jeu.
Or, pour que le droit soit appelé Droit,
Il faudrait que le jeu existe,
Et pour que le jeu existe, il faut être au moins deux !

Il n'y a malheureusement qu'un seul acteur,
Un acteur grand maître des enjeux.
Il ne saurait donc y avoir de jeu ;
Plus de règle du jeu,
Et disparition du Droit des nations,
Pour le triomphe de la loi des lions !

Nous vivons sous l'empire de la loi du plus fort,
Une loi qui s'impose aux moins forts !

Quand il n'y a plus de jeu international,
Il n'y a donc plus de Droits internationaux,
Mais un Droit essentiellement impérial !

L'histoire des nations cependant nous enseigne,
Que c'est la roue de l'histoire qui règne,
Que le jugement de l'histoire est sans appel,
Que le jugement de l'histoire est des plus sévères !

Doit-on alors rire de la loi internationale ?
Ou célébrer les obsèques d'une loi si impériale ?

L'histoire des nations nous enseigne que
Celui qui inscrit son destin en lettres cousues
De trahison et de lâcheté payera au prix fort,
La sanction du tribunal de l'histoire !
Que le plus fort n'est jamais assez fort,
Pour rester le grand maître du jeu,
S'il ne se conforme à la force du droit !

L'histoire des nations nous enseigne que
Tout empire devra périr !
Tout empire périra !
Et seul le droit devra fleurir !

Eh bien, qu'il fleurisse !
Qu'il fleurisse bien ce Droit !

Djihad[12]

Ils étaient promis à un avenir merveilleux ;
Parés d'intelligence flamboyante,
Ils étaient la lueur d'une nation,
L'espoir d'une génération parsemée, abreuvée,
De pensées d'évolution et de révolution.

Sur internet, ils ont trouvé une nouvelle cause,
Une cause qui retourne des cultures contre des cultures,
Une cause qui cause le choc des cultures,
Une cause source de tensions communautaires,
Haine religieuse, idéologique et crise identitaire !

Une cause qui suscite la guerre de tous contre chacun,
La guerre de chacun contre tous !
Une cause qui s'oppose à toute diversité,
Mais une cause qui prône l'unicité de la pensée
Dans la cité, diverses entités et municipalités !

---

12   Pour un monde de paix et d'ouverture.

Cette cause qui détruit l'esprit critique et encense
L'esprit de critique,
Cette cause qui détruit la paix mondiale comme
D'un revers de la main.
Cette cause qui leur a parlé au cœur et aux émotions
N'est nulle autre que : l'extrémisme.

Cette doctrine leur avait promis monts et merveilles,
Une vie de combattants pour des causes d'éveil,
Une vie de combat contre des ennemis sans pareil !

Un destin d'héroïnes et de héros se sentant investis d'une mission
Particulière à une époque très particulière.
Un destin qui graverait leur nom à jamais dans du marbre et
Sur des arbres sacrés,
Un destin qui les hisserait au panthéon de la gloire politique !

Pourtant la cause est loin d'être louable !
De jeunes filles sont réduites en esclavage,
Elles doivent se reproduire comme dans des élevages.

Pourtant ils doivent combattre la démocratie en favorisant
L'avènement d'un monde marqué par la peur,
Un monde dans lequel chacun reste dans son chacun,
Un monde où le seul langage est celui des chars,
Un monde qui légitime le langage de la terreur !

Internet serait à l'origine de ce dérapage ;
Pourtant, internet est censé assurer le progrès de l'humanité,
Dans la diversité et dans une osmose de convivialité !

Avons-nous pour autant le droit de faire d'internet,
Un véhicule de haine menant parfois à la terreur ?
Avons-nous pour autant le droit de lever des communautés
Contre des individus, des individus contre des communautés ?
Et des communautés contre des communautés ?

Il est temps de passer à l'accent mis
Sur nos différences pour célébrer ensemble nos accents
Différents !
Il est temps de cesser tout amalgame
Et tout ce qui y est afférent !

Il est temps de cesser d'instrumentaliser le mot
Radicalisation qui dégénère en divers maux,
Pouvant être évités par de simples mots !

Non à la Haine contre une communauté !
Non à la Haine contre une spiritualité !
Non à la Haine contre une certaine idée !

La Diversité des couleurs d'un tapis ne fait-elle pas sa beauté?

Village planétaire[13]

Nous n'appartenons pas à la génération des lettres,
Nous n'appartenons pas au monde passé
Et ses appareils surannés,
Désormais classés dans des musées !
Nous n'appartenons pas à cette génération !

Nous appartenons à la génération des courriels,
La génération des pourriels et corbeilles,
La génération numérique et ses appareils !
La génération des iPad, et iPhone,
La génération des iCloud et iPod !
La génération de Facebook, Twitter, WhatsApp,
La génération d'Instagram, et télégramme.

Les réseaux sociaux détruisent les barrières,
Ils brisent les frontières entières.
Les médias sociaux rapprochent les paysages,
Les individus, les communautés, les pays
Et le monde devient un très grand village !

---

13   Pour des relations sociales plus humaines.

C'est possible pour un Matlakala de cap town,
De communiquer avec un Okala de Fredericton ;
C'est désormais possible pour un Sanchez de Lima,
D'échanger avec un Fernandez d'Acra !

Mais c'est difficile pour un Kenfack de Foto,
De rencontrer son Cousin Tsafack de Foto.
Mais c'est difficile pour un Traoré de Bamako,
De rencontrer son frère Konaré de Sikasso.

Quand on sait qu'ils sont du même village !
Quand on sait qu'ils partagent le même paysage !
Quand on sait qu'ils viennent du même marigot !
Quand on sait qu'ils vivent dans le même hameau !

Les médias sociaux nous plongent,
Dans un monde fantasmagorique
Qui serait parfois trop fantastique,
Pour être purement véridique !

Un monde de l'apparence,
Et du culte de l'apparence.
Un monde simplement virtuel
Et qui est loin d'être réel,
Avec ses calvaires, ses aires et ères,
Rapprochant les personnes éloignées,
Et éloignant les personnes rapprochées !

La vie privée fut jadis sacrée,
L'intimité fut sanctifiée et valorisée,
La bonne renommée encensée,
Et la ceinture dorée condamnée !

Sous l'empire des réseaux sociaux,
Notre génération n'a plus de vie privée,
Notre génération n'a ni intimité,
Ni bonne renommée, mais peut être
Une ceinture dorée !

Des fléaux nouveaux croissant comme
Des champignons de mer,
Tout en devenant des serpents de mer,
Se sont élevés au-dessus de la mêlée !

Cyber-harcèlement, cyber-intimidation,
Cybercriminalité, cyberprostitution,
Cyberterrorisme, cybervoyeurisme !

Voilà le quotidien de la génération androïde,
Voilà les ingrédients du monde androïde !

Notre génération souffre et s'étouffe
De la cyberdépendance,
Un réel cancer social qui freine sa croissance.
Un réel serpent de mer qui paralyse
Son émergence !

Notre génération s'étouffe du manque de culture,
Qui favorise la montée de mentalités d'inculture,
Des mentalités opposées au débat de société,
Mais qui signent la percée de l'extrémisme
Idéologique et politique dans des contrées !

Ne nous laissons pas manipuler
Par des réseaux sociaux qui divisent
Des communautés quand le monde
A plus Que jamais besoin de fumer
Le calumet de la paix !

Ne nous laissons pas instrumentaliser
Par des médias sociaux qui, devant la polémique sociale,
Versent de l'huile sur du feu,
Quand les belligérants ont besoin
D'accorder leurs violons,
Afin de mieux jouer de la musique !

Quels sont ces réseaux qui freinent la lecture,
L'écriture et le débat d'idées ?
Quels sont ces réseaux qui s'opposent au
Poids des idées et à la force des arguments ?
Quels sont ces médias qui freinent l'accès
À l'information de qualité ?
Quels sont ces réseaux qui sapent l'harmonie
Tout en glorifiant la cacophonie ?

Où est l'humain dans ce monde
De technoscience ?
Où est la réelle société dans ces médias sociaux ?
La chaleur humaine a-t-elle un prix ?
Réelle renommée vaut-elle ceinture dorée ?

La vie virtuelle est-elle toujours le reflet
De la vie réelle ?

Elles sont des reines[14] !

Les femmes sont des lionnes prêtes à affronter
Ce monde de fauves qui ne leur offre pas
La part du lion, du haut de leur stature de gazelle.

Les femmes sont des reines sacrées,
Portant des couleurs de dignité,
De magnanimité et d'hospitalité avérées !

Elles sont source de vie et de survie,
Semant l'amour entre amants, l'harmonie,
Entre belligérants à couteaux tirés.

Elles ont le pouvoir de faire mouvoir les cités
Vers des ascensions de prospérité,
Vers des directions d'intelligibilité.
Elles sont le devenir, l'avenir de la communauté !
Curieusement, des femmes restent encore
Victimes de violence conjugale.
Encore aujourd'hui, le rôle des femmes se résume
À fournir un effort illégal,
Tel qu'on le demande à l'âne, ou au cheval
Dans un scénario peu idéal !

---

14   Pour la valorisation de la femme et la reconnaissance de ses droits sacrés !

Elle serait encore considérée
Dans des multiples contrées,
Comme une machine à produire,
Une machine à se reproduire !

L'éducation de qualité est un rêve dans des lieux,
L'excision, une réalité sous d'autres cieux !
La reproduction dans un contexte sanitaire,
Une illusion dans plusieurs sphères,
La protection de son corps, une pure chimère !

La femme reste encore un jouet de l'histoire,
Qui assiste passive, aux jeux et enjeux de l'histoire !

Isolée du pouvoir politique, antiféministe,
Elle ne peut qu'applaudir des lois machistes.
Isolée du pouvoir économique, elle reste condamnée
À demeurer une consommatrice humiliée,
Dans un monde dominé par l'entrepreneuriat,
Un monde dominé par le patriarcat !

La pauvreté reste sexiste !
La pauvreté est sexiste !

La femme, peu importe ses trésors !
A Droit au respect de son corps !
Droit au respect de sa dignité !
Droit à une éducation de qualité !
Droit à la santé de la reproduction !
Droit de participer aux ambitions !
Droit au pouvoir de production !
Droit à la non-discrimination,
Parce qu'elle est une reine !

Si elles n'existaient pas, il aurait fallu les créer,
Pour qu'elles puissent régner !

Comment concevoir un monde dépourvu de reines ?
Un tel monde serait inodore, incolore !
Un tel monde serait fade et sans rhum ni arômes !

C'est elle qui donne la vie !
C'est elle qui connaît les douleurs de la grossesse,
Et divers moyens de survie !
C'est elle la première infirmière,
C'est elle notre refuge ! la mamelle nourricière !
C'est encore elle notre meilleure conseillère !
Parce qu'elle est une reine !

Pourquoi donc tant de haine contre la femme ?
Pourquoi ne pas faire prévaloir ses droits sacrés ?
Pourquoi ne pas lui remettre avec beauté
Au moins une partie de ce qu'elle nous a donnée ?

Parce qu'elles sont toutes des reines !
Elles ont toutes la capacité de changer
Ce monde hanté,
Ses nombreuses tares et avatars !

Pouvons-nous permettre aux femmes,
D'avoir accès à une éducation de qualité ?
Puissions-nous laisser prévaloir le droit et la justice,
Couler, tel un fleuve intarissable,
Elles sont des reines !

Que le droit des femmes soit respecté !
Que les femmes puissent influencer,
La vie politique, le monde des affaires !
La société civile, le monde des arts de la scène !
Le monde judiciaire, le monde de la science !
La haute finance, la défense nationale !
La sécurité publique, et la diplomatie,
Parce qu'elles sont toutes des reines !

Dans un monde plus juste et plus équitable,
Un monde qui donne du pouvoir aux reines,
On peut caresser le rêve enfin, de se voir
Éclairés, au travers de leurs rayons lumineux,
Tel un beau rayon de soleil,
Telle une luciole qui éclaire le chemin
Au cœur de la nuit noire.
Elles sont des reines !

Elles sont nées pour illuminer le monde,
De leurs rayons, oh combien lumineux,
De leur couleur si chatoyante,
De leur intelligence si émergente.

Encore faut-il reconnaître leur droit sacré,
Encore faut-il les honorer !
Encore faut-il les sanctifier !
Encore faut-il les héroïser !
Encore faut-il les élever,
Au-dessus de la mêlée !
Encore faut-il les magnifier !

La reconnaissance de la valeur des femmes devrait
Se faire maintenant ou jamais !
Cela demandera certainement un sacrifice :
La révolution !
Une révolution ayant tout son sens, sa quintessence,
Son essence, et même sa consistance,
Parce qu'elles sont toutes des reines !

Et peuvent incarner le changement
Qu'on aimerait voir éclore, telle l'aurore
Dans le monde !

Les femmes sont des amazones !
Elles sont des Lionnes !

Elles sont toutes des reines !
Et peuvent changer le monde !

Lueur d'espoir !

Les huit mars nous rappelle des adversités,
Pour le triomphe de l'égalité,
Un combat sacré pour la grande diversité,
Dans des sociétés parfois hiérarchisées !

Une journée de réflexion,
Sur diverses inégalités
Qui persistent dans la société !

Un jour qui fait l'autopsie
Des violations des droits de la femme,
Victime de discriminations infâmes.
Un jour qui valorise la femme,
En lui reconnaissant ses palmes !

Un jour de reconnaissance,
Dans la grande renaissance,
Du leadership que la femme,
Joue avec une certaine aisance ;
Dans les communautés,
Et de nombreux foyers
À travers les sociétés !

Un jour qui nous interpelle
À redorer le blason de la femme,
À remettre aux femmes,
Au moins une partie de ce qu'elles
Apportent sans se péter les bretelles,
Dans un monde jonché de zèles :

Le zèle de la marginalisation,
Le zèle de l'humiliation,
Le zèle de l'intimidation,
Le zèle de la prédation !

Ce n'est pas un jour de débandade,
Ni un jour réservé aux pagnes,
Encore moins une journée d'escalade,
Ou une journée sans réelle propagande !

Ce n'est pas une journée de folklore,
Au nom d'une reconnaissance aérienne,
Jamais totalement gravée sur du marbre,
Ou un débat à simplement clore,
Quand la protection légale peine à éclore !

Ce n'est non plus une journée commerciale,
Qui sacrifie des intérêts féministes,
À l'autel d'enjeux corporatistes ;
Ni une journée de pur cérémonial,
Sans réel contenu mémorial !

C'est pourtant une journée d'action,
Une journée de sensibilisation,
Une journée de révolution,
Une journée d'évolution,
Une journée de conscientisation.

Pour que vivent les Droits de la femme,
Pour que vivent les Droits de la fille,
Pour que vive le leadership féminin !

Au-delà de la symbolique du huit mars,
Au-delà du cérémonial du mois de mars,
Puisse une telle journée
Se voir joindre l'utile à l'agréable.

L'éthique à l'esthétique,
La légalité à la légitimité,
La promotion à la protection,
Du droit des femmes !

Des droits reconnus aux femmes,
Du simple fait qu'elles soient des femmes !
Des droits pour lesquels des générations
Se sont sacrifiées pour d'autres générations !

Ainsi, seulement, pourraient émerger ces belles,
Qui, comme ces hirondelles,
Annoncent le printemps.

Ce temps magique
Qui célèbre le nectar des fleurs
Et encense le parfum des fleurs,
De l'aurore à la dernière heure,
Suscitant le plus grand bonheur,
Pas seulement pour une partie du peuple,
Mais pour tout le peuple,
Parce que c'est pleinement légal !
Parce que c'est entièrement égal !

La chèvre broute où elle est attachée[15] !

Les pays du sud sont liés à leur puissance impériale,
Comme par le cordon ombilical !
Ce Cordon ombilical subsiste par des conventions
Qui pèsent sur eux telle une épée de Damoclès.
Les leaders n'ont pas toujours assuré les intérêts
Du peuple pour lequel ils se sont engagés !
Ils sont restés la main invisible d'intérêt parsemé
Qui n'aide pas aux intérêts de la nation,
Parce que la chèvre broute où elle est attachée !

Les États francophones faisaient Allégeance à Paris,
Les États anglophones à Londres,
Les États lusophones à Lisbonne,
Les États hispanophones à Madrid.

La gouvernance des jeunes nations est une catastrophe ;
Cette gouvernance qui quitte de l'écart de la norme,
En normalisant l'écart, débouche sur un cancer énorme,
Minant les finances publiques, et les autorités publiques,
Posés en gouverneurs et ordonnateurs de budget publics,
Posés en Charognards et renards de la fortune publique,
Parce que la chèvre broute où elle est attachée !

---

15 Contribution pour lutter contre la corruption et promouvoir la bonne
    gouvernance !

La fortune publique se confondant à la fortune privée,
La fortune privée s'enrichissant indûment du trésor,
L'État devenant comme une entreprise privée,
L'aide au développement, du pain béni pour des privilégiés,
Les concours administratifs un réel marché,
Les échéances électorales une réelle mascarade gagnée
Par celui qui détient les cordons d'une bourse poussée,
Le système de justice un réel marché aux enchères huppées,
Des serviteurs de l'État, plus fortunés
Que des entrepreneurs, des Banquiers, ou des financiers,
Parce que la chèvre broute où elle est attachée !

Parce qu'il faut consolider le pouvoir reçu de
Paris, Madrid, Londres, ou Lisbonne,
Et que le pouvoir exercé vient de l'étranger !

Parce que l'État demeure une vache à lait
À exploiter jusqu'à la moelle épinière,
Parce qu'il faut mouiller la barbe du parrain,
Du parrain politique, du parrain souverain !

Parce qu'il faut se tailler une place au soleil,
Et que la société valorise les criminels,
Que des citoyens avec une conscience républicaine,
Parce qu'on devient une élite cantonale
Qui doit assurer par des manœuvres peu loyales,
La victoire de sa chapelle aux échéances électorales,
Parce que la chèvre broute où elle est attachée !

La fonction publique est un gâteau national,
La fonction publique est une mangeoire régionale,
Les élections, un mode d'accès à la mangeoire,
Les nominations, une répartition du gâteau national.
Le ministre, un ministre départemental
Pourtant supposé incarner la communauté nationale,
Sans égard à son appartenance tribale, ou locale,
Parce que la chèvre broute où elle est attachée !

La corruption demeure un cancer social
Qui ronge jusqu'aux entrailles,
Les États africains,
Et bien d'autres États sud-américains !

Comment allons-nous faire briller le Sud si
Le taureau n'est pas saisi par les cornes ?
Comment allons-nous illuminer ce monde
Si une révolution interne ne s'opère pas par la
Gouvernance et des approches éthiques ?

L'Afrique devra opérer une révolution interne,
Qui l'exorciserait de nombreux fantômes :
Le fantôme de la corruption ;
Le fantôme de la concussion ;
Le fantôme de la mégalomanie ;
Le fantôme de la cleptomanie ;
Le fantôme de la criminalité financière ;
Le fantôme de la gabegie financière.

Parce qu'ici, la chèvre broute où elle est attachée,
Mais c'est aussi à cet endroit qu'elle doit être fléchée
Et Mordue par un serpent adulé !

Le serpent de la lutte contre la corruption,
Qui ferait du Sud,
Une terre d'éthique en affaires publiques !

Une terre où coule le lait et le miel pour tous !
Une terre où de l'eau potable coule pour tous !
Une terre où du sel et du pain sont abondants !
Le bonheur florissant, et étincelant pour tous !

Rêve panafricain[16]

L'Afrique demeure le berceau de l'humanité,
Le berceau des civilisations avancées,
La mamelle nourricière de l'humanité,
Même si L'Afrique reste balkanisée,
Même si elle reste toujours humiliée !

Elle a souffert de la traite négrière,
Qui l'a privée d'une partie imposante
De sa population, de ses ressources humaines !

Elle a souffert de la colonisation,
Qui a fait de l'Africain un sous-homme privé
De sa culture et de son authenticité,
Un sous-homme privé de son identité,
Un homme entièrement à part,
Privé de son pétrole, son or et ses trésors !

Elle souffre de la néocolonisation
Du fait de son évolution en rangs dispersés !

---

16   Pour une Afrique unie et prospère.

À Berlin, ils se sont partagés, comme
Des vautours, le continent africain.
Ils ont divisé des familles africaines,
Ils ont divisé des communautés,
Divisé des empires africains
Qui faisaient la gloire et la fierté
Du peuple africain, paré
De sa civilisation magnifiée !

Aujourd'hui, l'Afrique reste l'ombre d'elle-même,
L'Afrique reste le théâtre de la misère suprême,
L'Afrique reste une terre sacrifiée,
Dans laquelle prolifèrent des conflits politisés,
Des guerres économiques aromatisées,
Des confrontations médiatico-ethniques,
Opposant des Africains contre des Africains !

L'Afrique n'a pourtant jamais été divisée,
Les Africains sont un seul peuple glorifié.
Ses frontières actuelles sont opposées
À l'esprit d'unité, d'unicité et de solidarité,
Qui plane en chaque fils et fille africanisé,
L'Africanité s'oppose aux frontières imposées
Par l'impérialisme, aujourd'hui condamné !

L'Afrique reste un jouet de la mondialisation,
Sa voix reste méprisée dans le concert des nations.
L'Afrique reste ce majeur incapable, sans ambition,
Un majeur éternellement sous tutelle, sous curatelle
D'une communauté dite internationale,
Auréolée de valeurs hautement libérales,
Qui, comme par extraordinaire, est impériale !

L'Afrique doit s'unir,
Les Africains doivent s'unir.

Parce que les Africains sont un seul peuple,
Parce que les frontières sont meublées,
Parce que l'Afrique devra parler d'une seule voix
Dans un monde de haute voix !

L'Afrique doit s'unir, sinon elle risque de périr
Et végéter à la périphérie de la mondialisation !

L'unité de L'Afrique permettra aux Africains,
De se mouvoir du cap au Caire,
De Dakar à Madagascar,
De Pretoria à Mombassa,
De Casablanca à Douala,
De Conakry à Djibouti !

L'unité de l'Afrique débouchera sur :
Une diplomatie africaine qui défendra ses intérêts,
Dans un monde dominé par des superpuissances ;
Une armée africaine qui limiterait les puissances
Étrangères et leurs agendas déconcertants !
Une politique agricole de l'Afrique !

Qui éloignerait la famine et la misère de l'Afrique,
Une monnaie africaine qui, avec parcimonie,
Donnerait la Souveraineté à l'économie !

Un passeport africain qui faciliterait la mobilité
Continentale et le respect des Africains, aux frontières
Aériennes, maritimes et routières de pays fermés !

L'unité de l'Afrique épargnera l'Afrique,
De tensions communautaires, parce que
L'Africain devient enfin le frère de l'Africain,
Parce que la diversité de l'Afrique est un
Carburant pour la nation africaine,
Une nation aux couleurs de l'arc-en-ciel,
Riche de sa diversité culturelle
Toute naturelle et perpétuelle,
Au son de l'amour fraternel !

Comment parvenir à cet idéal si
Les souverainetés nationales persistent,
Si l'Africain reste un étranger en Afrique,
Si le manque de volonté vers cet idéal pacifique
De l'unité africaine subsiste ?

Comment y parvenir,
Si on note toujours une difficile souveraineté !
S'il est difficile pour un Africain,
De visiter sa propre cité,
Dans la grande tranquillité,
Et si les barrières douanières demeurent valorisées ?

L'Afrique devra réunir ses enfants,
Au rythme du célèbre magnificat,
Et autour d'un feu de bois
Arrosé de vin de raphia !

Elle devra panser ses blessures infantiles,
Et meurtrissures, se regarder dans un miroir,
Sans pour autant casser ce miroir !

Les Africains devront fumer le calumet de la paix,
Une paix des cœurs et non une paix des cimetières,
Une paix qui permettrait aux fils et filles
De l'Afrique, toute belle et entière,
D'accorder leurs violons afin de mieux jouer de
La musique !

Une musique qui sortira des profondeurs
De ses forêts sacrées, de ses savanes sanctifiées,
Une musique aux cadences et danses
De l'unité et de la fraternité !

Une musique qui, comme l'hirondelle,
Annonce un temps nouveau sous le soleil,
Le temps de L'Afrique des merveilles !

L'Afrique ne périra pas comme ce Titanic
En haute mer !
Parce qu'elle est une mère,
Aimée par ses maires !
Aimée par ses pairs !
Et son heure de gloire sonnera quand
Elle s'unira !

Cette gloire sera à l'image de cette Afrique
Pharaonique,
Cette Afrique « samoirique[17] »,

Cette Afrique de Soundiata keita,
Cette Afrique de Kankan Moussa,
Cette Afrique de Shaka,
Cette Afrique des Soxhsa,
Cette Afrique de Yennenga !

_____

17 En référence à Samory Touré héros de l'empire du Mali.

96

L'Afrique merveilleuse,
L'Afrique glorieuse,
L'Afrique des gloires,
Des gloires à la cambrure
De ses empires de Victoires
Et ses histoires fameuses !

L'Afrique s'éveillera,
L'Afrique s'unira !
Et quand elle s'unira,
Le monde tremblera !

Le linge sale se lave en famille

Quand l'Europe tousse,
Les Africains ont le rhume.
Quand l'Amérique tousse,
L'Afrique a le rhume.
Et l'Afrique quand elle tousse,
Elle s'étouffe, elle s'étouffe !

L'Afrique souffre et s'étouffe,
De problèmes en touffes ;
Crise économique chronique,
Crise politique quasi chronique,
Crise identitaire cynique !

Des révolutionnaires d'Afrique,
Pour s'opposer aux injustices,
Exercent des pressions sur l'Occident,
Comme si l'Afrique était l'Eurafrique,
Comme si l'Afrique était l'Afrimérique !

Des gouvernements étrangers
Sont sollicités, pour partager
Les problèmes de l'Afrique,
Malgré qu'ils soient censés être étrangers
Face à un continent qui a dansé
Son indépendance, au son tant aimé
Par la révolution si valorisée et amadouée !

Indépendance Cha Cha cette musique
Qui a fait vibrer l'Afrique avec ses cantiques,
Célébrant les batailles physiques et mystiques
Contre l'impérialisme dramatique !

Comment comprendre que des Africains
Puissent encore croire que le salut azanien
Est tributaire des battements de cœurs,
De nations au passé parfois rempli de rancœur,
Contre les nations du continent africain,
Contre les populations africaines ?

Les révolutions politiques africaines
Devraient être véritablement africaines.
Jamais, un phénomène des autres nations,
Ne changera la condition de l'homme africain
Qui se doit d'opérer son changement
À partir de son propre continent !

C'est un déshonneur d'affaiblir sa nation
Auprès des autres nations,
C'est honorable de se battre pour sa nation
Dans sa patrie, et avec ses compatriotes !

Souvenons-nous que l'Afrique écrira
Sa propre histoire et elle sera,
Du nord au sud du Sahara,
Une histoire de gloire et dignité[18].

Souvenons-nous que dans le concert
Des nations, il n'y a pas d'amis,
Il n'y a pas d'ennemis,
Mais il n'y a que des intérêts !

---

18   Voir dernière lettre de Lumumba à son épouse Pauline !

Que la clochardisation de sa nation
Ne fera jamais de l'Africain,
Un Homme respecté dans les autres nations
Où règne en maître, la loi des lions,
Et dans plusieurs cas, la loi du talion !

Aucune nation n'est exemptée de problème.
La nation est semblable à une famille,
Et dans une famille, quand il y a un problème,
On le résout dans l'intimité familiale !

Que de faire des marches européennes,
Ou des *meeting* et setting à l'américaine,
Face aux difficultés africaines ?
Les peuples d'Afrique devraient
Se réunir autour du feu de bois à l'africaine,
Afin de fumer le calumet de la paix,
Et cheminer main dans la main,
Peu importent leurs différences,
Peu importent leurs divergences !

Le linge sale ne se lave-t-il pas en famille ?
Cessons de ternir l'image de la famille
Africaine auprès d'autres familles
Occidentales qui parfois, peinent
À résoudre leurs propres problèmes de famille !

L'Afrique est indépendante,
Et ne saurait être dépendante
Comme ce majeur incapable
Des relations internationales,
Sous la botte et la curatelle
D'autres nations indépendantes !

Penser que la solution des problèmes africains
Se trouve dans l'espace européen ou américain,
C'est comme attendre un bateau à l'aéroport,
C'est en effet attendre un avion au port,
Ou penser qu'un lion peut dignement garder une bergerie !

Un lion peut-il en réalité garder une bergerie ?

République bananière[19]

Vox populis vox dei,
La voix du peuple, la voix de Dieu !
Les institutions descendraient des cieux,
Et Le Pouvoir viendrait des dieux !

Le vent d'Ouest a secoué les cocotiers,
Il a reversé des safoutiers,
Il a fait tomber des goyaviers !
Il a secoué là-bas,
Les plus imposants Baobabs !

De ses cendres, naquit la démocratie,
Qui prononce les obsèques funèbres
De l'aristocratie politique,
Glorifiée par les partis uniques, et
Des institutions quasi monarchiques !

Le président de la République reste
Omnipotent et omniprésent,
Le président de la République reste
Tout puissant et hyper influent.

---

19 Pour la construction d'institutions fortes !

Il est la clé de voûte du système et
L'Homme fort du régime fort,
Quand la république naissante a
Consacré en consolidant,
Des institutions fortes,
Contrôlées par d'autres institutions !

Le Parlement demeure une caisse
D'enregistrement des volontés
Présidentielles,
Et des désideratas ministériels !

La présidence, contrôlant la cuisine
Interne des chambres parlementaires,
Ses battements de cœur, sa pression artérielle,
Et même ses aventures amoureuses !

Les projets de loi passent, telle une
Lettre à la poste,
Le débat parlementaire devenant un réel
Théâtre national,
Dans l'institution sacrée
Du parlement bicaméral !

Qui simule la pratique démocratique.
Pourtant, l'idéal démocratique
Voudrait que le parlement contrôlât,
En toute indépendance, l'action
Du pouvoir exécutif,
Et ses variantes de l'administratif !

Le pouvoir judiciaire est inexistant
Comme entité institutionnelle nationale !
Le président de la République reste le
Procureur général de la nation !

C'est lui qui décide de l'opportunité,
Des poursuites.
C'est encore lui qui nomme et révoque
Les magistrats et leur suite !
C'est toujours lui qui décide du statut
De la magistrature !

Il est l'alpha et l'oméga de la justice nationale,
Restée tapie dans l'ombre,
Et agissant par une main invisible,
Une main de fer dans un gang de velours,
À l'image d'un loup déguisé en agneau.

Le magistrat est un dignitaire loyal
Au parti impérial,
Ou au parti proche du parti impérial !

Il a consenti des sacrifices d'abreuvoir,
Pour bénéficier des grâces du grand Manitou,
Il devra rester fidèle aux idéaux du parti,
Afin d'éviter de tomber en disgrâce,
Et être jeté à la poubelle de l'histoire !

La justice n'est-elle pas censée faire
Preuve d'indépendance ?
Le pouvoir judiciaire ne devrait-il pas
Neutraliser l'exécutif dans le cadre
D'une société libre et démocratique ?

Le culte de la personnalité
Est un sport favori,
La sacralisation, l'héroïsation
Et la sanctification du pouvoir politique,
Une pratique valorisée !
Les louanges et chants à la gloire
De l'homme providentiel et éternel,
Une pratique encensée !

La chose publique se confond à la chose
De l'Homme politique
Qui, assis sur la mangeoire, vit
Dans une opulence insolente,
Au cœur d'un océan de misère.

Quand la constitution limite des mandats,
Des manœuvres politico-politiciennes
S'opèrent dans l'arrière-pays,
Pour susciter une révision de la constitution,
Qui serait anti-démocratique,
Par le fait d'empêcher un candidat qui
Jouirait toujours de la confiance du peuple,
De Continuer ses aventures au sommet de
L'État.
C'est un réel théâtre institutionnel
Qui brise les fondements de la démocratie.

Quel est le sort de l'État de droit
Dans ce scénario hollywoodien ?
Le pouvoir ne devrait-il pas arrêter le
Pouvoir ?
Que fait la société civile ?
Et les opposants où sont-ils ?
Que font-ils ?

Nos républiques demeurent
Des régimes tyranniques et despotiques,
Masqués de couleurs et de carapaces démocratiques !
Nos républiques demeurent
Sous l'emprise d'hommes forts,
Quand nous avons besoin d'institutions fortes !

Nos républiques doivent se parer,
De couleurs autant chatoyantes
Que scintillantes,
D'un État de droit vivant,
Et d'une démocratie vivante !

Opposant tropical[20]

Le pouvoir n'est pouvoir,
Qu'en présence de contre-pouvoirs !
Les contre-pouvoirs devraient,
Dans une société libre et démocratique,
Neutraliser et arrêter le pouvoir,
Dans un esprit démocratique !

Encore faudrait-il que les contre-pouvoirs
Soient sous l'emprise d'Hommes dignes
Et nobles qui incarnent l'éthique du pouvoir !
Encore faudrait-il que l'opposant politique
Soit réellement un opposant,
Qui pratique l'opposition politique
Et non la juxtaposition politique,
Qui fait de l'opposant même, un allié
Inavoué du système, du régime politique,
Posé en gouvernance perpétuelle et suprême !

Être opposant, c'est critiquer le pouvoir
Pour améliorer son action, ou,
Conquérir avec ténacité ledit pouvoir !

---

20 Pour une opposition républicaine !

Être opposant, ce n'est pas critiquer
Parce qu'il faut critiquer,
Ce n'est pas rester proche du pouvoir
Pour s'abreuver à la soupe populaire,
Ou encore, contester le pouvoir le jour,
Et convoler en noces heureuses
Avec le même pouvoir au coucher du soleil !

Être opposant, c'est faire des merveilles,
C'est être capable d'aller
Jusqu'au sacrifice suprême, pour faire
Triompher la cause pour laquelle on consacre
Son existence politique !

Sous les tropiques, l'opposant demeure
Un entrepreneur politique qui, comme un opérateur,
Sacrifie le peuple aux vingt-troisièmes heures,
Pour ses intérêts de premières heures !
C'est un politicien qui, à l'aurore, agite la nation,
En suscitant ses émotions contre l'ordre gouvernant,
Mais qui, au crépuscule, dîne avec les mêmes gouvernants !

C'est un opportuniste, un carriériste politique,
Un nombriliste, un assoiffé de mangeoires,
Déguisé en opposant politique !

Au parlement, ils dénoncent ouvertement
Les tendances autoritaires du gouvernement,
Mais plient l'échine pour recevoir
Des faveurs pécuniaires du gouvernement.
Au parlement, il soutien le gouvernement
Dans ses tendances antidémocratiques,
Tant et aussi longtemps que son chèque
Est sécurisé, ses avantages consolidés !

Sous les tropiques l'opposition est inexistante,
Mais la juxtaposition persistante !
Les opposants n'ont pas de conviction politique,
La politique étant un moyen de se tailler une place
Au soleil, au détriment du peuple souverain
Martyrisé, éprouvé et paupérisé,
Par des politiciens sous-marins !

Sous les tropiques, l'opposant n'est pas
Un opposant défendant les intérêts d'une partie
Du peuple un temps, ou tout le temps !
C'est un simple agitateur de la vie politique
Qui devient virulent quand
Il est sevré des cordons de la bourse !

Comment allons-nous construire
Des institutions fortes
Si l'opposition ne constitue pas le condiment
De la démocratie ?

Si l'opposition ne constitue pas le ciment
De la démocratie ?
Si l'opposition est le refuge de délinquants politiques !

Quels sont ces opposants sans conviction politique
Qui ne contrôlent pas l'action gouvernementale,
Pour des intérêts privés ?
Qui violent la volonté du peuple souverain,
Et se posent en complices occultes de
La cleptocratie, l'oligarchie et la gérontocratie ambiante ?

Quels sont ces opposants ?
Qui se juxtaposent au parti dominant
Quand il faut s'opposer ?
Quels sont ces opposants,
Qui s'entreposent et se superposent
Au parti prépondérant et superpuissance ?
Quels sont ces opposants,
Qui ne savent pas ce que s'opposer veut dire ?

Ils ont oublié que la politique est un sacerdoce !
Que la politique est avant tout un engagement,
Un engagement sacerdotal !
Que la politique n'est qu'un sacerdoce !
Et rien qu'un sacerdoce !

Que l'homme politique est un homme de principe,
Et de convictions qui tient à ses principes,
Un homme noble prêt à se sacrifier
Pour la cause sociale qui lui tient à cœur !

Ils ont oublié que l'opposition
N'est pas un fait de position,
Que l'opposition n'est pas un fait de positionnement,
Que l'opposition n'est pas un fait de prise de position !
Que l'opposition n'est pas la juxtaposition,
Et que la juxtaposition est un fait de position,
Qui paralyse durablement l'action de l'opposition !

Ils ont oublié que l'homme politique
N'est pas un opérateur économique !
Et que dans sa posture d'opposant politique,
Il a une responsabilité historique !
Parce qu'investi d'une mission particulière,
À un moment très particulier,
Et à une époque très particulière,
Ils ont oublié !

Lumière du monde[21]

La jeunesse est l'espoir du monde,
C'est elle qui peut révolutionner le monde
Par des démarches innovantes,
Par un engagement social émergeant.
La jeunesse est l'avenir du monde,
Lorsqu'elle découvre sa mission,
Lorsqu'elle accomplit une telle mission.

Des jeunes sont encore spectateurs
De la vie sociale et économique !
Des jeunes encore demeurent observateurs
Des sphères du pouvoir politique !
Des jeunes attendent encore tout de L'État,
Pourtant L'État ne connaît pas
Forcément leur état !

Les jeunes ont déserté des bibliothèques,
Pour se réfugier dans des médiathèques,
Pour demeurer dans des discothèques !

---

21 Pour la jeunesse !

Les jeunes ne s'élèvent plus, ne rêvent plus,
Parce qu'une gérontocratie certaine
Assassine leurs rêves certains.

Ce n'est pourtant pas un secret de polichinelle,
La jeunesse est belle,
Et constitue avec zèle, le potentiel
De sociétés qui lui font la part belle.

Des jeunes ont amélioré le monde scientifique !
Des jeunes ont révolutionné la politique !
Des jeunes ont bouleversé le landerneau,
Économique, physique et technologique !

C'étaient des jeunes qui rêvaient
Et croyaient fermement en un avenir heureux !
C'étaient des jeunes qui lisaient
Et savaient que l'avenir ferait des radieux !
C'étaient des jeunes qui n'avaient pas peur !
Peur des aventures, et des mésaventures !
Ils n'avaient pas peur du connu et des inconnus !
Peur des humiliations des plus farfelues !

La jeunesse est le sel de la Terre,
La jeunesse est la reine des ères,
La jeunesse, par son zèle et ses ailes,
Devrait aller à la conquête des airs :
Les jeunes sont la lumière du monde !

Cette lumière qui, dans la nuit noire,
Éclaire le monde comme ce lampadaire,
Dans les airs et dans les profondeurs
Nocturnes.

Les jeunes sont des lampadaires
Qui doivent rêver et conquérir
Les nations.

Les jeunes sont des lumières
Qui ne sauraient s'éteindre,
Qui doivent illuminer les sociétés.
Qui ne doivent pas avoir peur,
Même face au malheur !

Ils devraient avoir l'audace d'espérer,
Même quand la direction du vent
Souffie contre leur droit d'espérer !

Parce que les jeunes sont le sel de la
Terre,
Parce que les jeunes sont la lumière
Du monde,
Parce que les jeunes sont l'espoir
Des nations !

Comme cette poule aux œufs d'or,
La jeunesse devrait être glorifiée !
Les jeunes devraient être aimés !
La jeunesse devrait être amadouée !

Ils sont le sel de la terre !
Ils sont la lumière du monde !

Lagune Ebrié[22]

Dans les airs se hissait la beauté
D'une cité dans sa sagacité.
Dans les airs, s'élevait la primauté
De forts, ports et aéroports prisés :

Abidjan, la cité des plus belles,
Abidjan, la belle aux airs de Gazelles ;
Abidjan, l'entité aux rayons de soleil ;
Abidjan, la méga cité au goût de miel.

Bercée par l'océan Atlantique,
La localité est des plus pacifiques.
Élevée par ses valeurs magnifiques,
La contrée inspire une vision de l'Afrique,
Et ses tendances, ô, combien idylliques

Parée d'une jeunesse dynamique
Qui s'élève de ses actions énergiques,
Dotée d'une jeunesse aux allures activistes
Qui serait prête, par son dynamisme
Flamboyant, à insuffler la dynamique
Nouvelle, qui fait de la ville philanthropique,
Une oasis de prospérité sous les tropiques.

----

22   Une aventure à Abidjan.

À Abidjan, les jeunes sont entrepreneurs
Et construisent une Afrique loin des peurs.
La jeunesse ici, agit aux premières heures,
Pour éviter la vingt-troisième heure.
Ses réalisations feront le bonheur
De tous ceux restés dans le malheur.

Abidjan, c'est aussi la joie de vivre,
Même quand certains restent ivres.
Abidjan, c'est l'ambiance des gens
Qui n'ont pas le choix de vivre
Dans des coins difficiles,
Et dans une osmose de convivialité.

Abidjan, c'est du coupé décalé !
Dans la sagacité !
C'est du slam dans la cité !
C'est de la poésie lyrique,
Dans des espaces acoustiques !

C'est une certaine idée de la francophonie,
Agissante en harmonie avec la symphonie,
Linguistique locale, dans l'authenticité !
C'est une certaine façon de parler français !

C'est un apprivoisement de la langue française,
Un amour de la langue française,
Qui, avec humour, vit en cohabitation heureuse,
Et convole en noces joyeuses,
Avec les traditions ivoiriennes,
Les traditions africaines !
Ancré dans l'histoire de la côte d'ivoire ;
L'histoire de ses tours d'ivoire ;
L'histoire de ses royaumes lumineux !
Qui fait la gloire de la lagune Ébrié !

Abidjan n'est pas une ville de hiboux !
Abidjan n'est pas une île de marabouts !
Abidjan est le plus doux !
Abidjan est le plus doux au monde !

Ouidah[23]

Nous étions venus, animés
D'un esprit de curiosité élevé ;
Nous étions venus avec un espoir
De comprendre les détours de l'histoire !

L'histoire profonde de l'Afrique ;
L'histoire des lions d'Afrique ;
Et non celle des chasseurs !
La triste histoire de l'esclavage ;
L'histoire sombre du sevrage,
Qui a séparé de la mère Afrique,
Ses enfants, dans un climat tragique !

Ouidah, pays des agoudah !
C'était bien ici que des Noirs
Ont payé au prix fort le fait d'être Noir ;
C'était bien ici que des Noirs
Ont été torturés et martyrisés ;
Des rois humiliés ;
Des civilisations renversées ;
Des notables torturés ;
Des grands sages capturés ;
Par des prédateurs zélés !

---

23   Une aventure à Cotonou.

122

C'était bien ici que l'Homme africain ;
A été vendu comme un bien ;
C'était bien ici qu'il devait renoncer
Malgré lui, à ses pensées, ses idées,
Pour servir un maître sans foi ni loi,
Qui ne respecte pas les droits des humains,
Du simple fait qu'ils soient des humains !

Avec émotion, nous avons vu ;
De nos yeux, nous avons vu
Les vestiges de la traite négrière,
Le musée de l'esclavage négrier ;
La route prise par les négriers ;
Cette route du non-retour ;
Qui a arraché de milliers d'Africains
À leur terre sacrée, la terre d'Afrique !

Remplis d'émotion, nous avons vu ;
L'arbre de l'oubli qui consacrait
L'aliénation culturelle de l'Africain,
Au grand dam de visions américaines !
De visions européennes !

Nous avons vu, de nos yeux vus
L'arbre du retour ;
Qui promettait à l'Africain un retour
Sur sa terre, seulement en esprit ;
Nous avons vu la porte du non-retour ;
Qui arrachait l'Africain de son terroir,
Sans aucun autre espoir,
De retrouver un jour, son territoire !

La traite négrière fut un crime contre
Le Peuple noir, un crime contre
L'humanité dans ses diverses contrées,
Un crime dont la réelle reconnaissance
Reste dans la pénombre ;
Mais surtout, reste tapie dans l'ombre !

Le monde actuel, censé être évolué,
Donne le sentiment que ce passé
Morose, n'est pas toujours passé !
Et que l'injustice n'est pas déjà assez !

Puisse la justice rester inépuisable,
Et enfin couler, tel un torrent intarissable !
Puisse le monde réparer
Ce préjudice inestimable !

Que la justice, toute la justice !
Et rien que la justice, illumine
Ce monde de précipice,
Et ses multiples supplices !

Bucarest[24]

Nous rêvions d'un monde meilleur,
Nous étions venus tous d'ailleurs,
Animés d'un esprit révolutionnaire,
Et d'une démarche volontaire !

Bucarest, à vol d'oiseau de l'Everest,
C'était ici que la jeunesse
Engagée du monde déployait sa tigresse,
Contre les injustices qui oppressent
Nos sociétés, aux antipodes de la tendresse !

Nous venions de Roumanie !
Nous venions d'Arménie !
Nous venions d'Italie !
Nous venions des Amériques !
Nous venions des Europe !
Nous venions des Afriques !

---

24 Souvenir d'une aventure en Roumanie et en Europe de l'Est !

Nous partagions l'idéal d'un monde juste !
Nous étions une famille unie par la justice !
Nous voulions que la justice soit la même,
Et que l'État de droit ne soit plus un problème !
Nous croyions à la force de la société civile,
Et ses actions salutaires dans les villes !

Nous avions discuté avec vitalité,
Et dans un climat de convivialité !
Nous avons vu naître cette fraternité,
Autour de ce combat pour la liberté !
Nous n'étions qu'une communauté,
Malgré notre grande diversité !

Bucarest fait naître une jeunesse,
Déterminée à combattre cette paresse
Qui laisse subsister diverses petitesses !
La société civile internationale et sa jeunesse
Peut influencer la marche d'un monde
Qui respecte les droits et libertés !

Un monde exorcisé du racisme !
Un monde exorcisé de l'antisémitisme !
Un monde anesthésié du machisme !
Un monde anesthésié du négationnisme !
Un monde qui respecte sa diversité !
Un monde qui respecte l'égalité !
Un monde qui condamne le crime de haine !
Un monde qui dit non à la haine !

Bucarest, ce rendez-vous aux saveurs judiciaires !
Bucarest, cette ville aux odeurs révolutionnaires !
Oh ! Bucarest, pour ton esprit des lumières,
Et tes étincelles aux fleurs de pardon,
Bucarest nous t'aimons !

Le soleil brille à l'ouest[25]

Le soleil se couchait avec zeste,
Quand la nuit tombait déjà à l'Est ;
Les mouches à feu éclairaient nos
Sentiers nocturnes avec largesse.
Et nous avancions avec hardiesse,
À la recherche d'une flamme d'espoir,
Logée dans la lune, les étoiles ou le soleil !

L'Est était noyé de brouillard,
L'Est était plongé dans une nuit noire.
Seulement à l'Ouest paraissait le soleil ;
Depuis le premier Cocorico, le soleil
Se levait, avec des couleurs d'éveil
Quant à l'Ouest, il brillait de ses rayons
Parsemés de lueurs d'expectation !

Winnipeg et ses musées historiques,
Une ville particulièrement atypique,
Parsemée par la très mythique rivière rouge,
Autour de laquelle des combats historiques
Pour les Manitobains et leur droit linguistique
Se sont déroulés aux bords de lacs rouges,
Tachés de sang de défenseurs historiques.

---

25   Souvenir d'une aventure dans les prairies et le pacifique !

Winnipeg, affectueusement Winterpeg
Pour son hiver aux accents sibériens,
L'hospitalité de ses populations authentiques,
Malgré un hiver plutôt très hivernal.
Un été aux accents sahéliens,
Malgré la fraîcheur de sa flore exotique !

Dans les hauteurs du musée des droits
De la personne, s'élèvent les toits
De Saint-Boniface et ses édifices de gloire.
Dans la splendeur de cette tour d'espoir,
S'impose l'université Saint-Boniface,
La cathédrale historique de Saint-Boniface,
Le musée historique de Saint-Boniface,
La sépulture de l'emblématique Louis Riel,
Le très imposant collège Louis Riel,
Ce fleuron de la francophonie manitobaine !
Winnipeg, ce sont des arts de la scène,
Et ses très célèbres mécènes !
Winnipeg, c'est aussi des soirées enchantées
Dans les détours du théâtre Cercle Molière,
Et ses acteurs de très bonne renommée,
Qui incarnent la culture locale avec magistère !

Comment ne pas se souvenir
Du festival du voyageur, ses couleurs
Largement artistiques, et culturelles !
Comment ne pas se souvenir
Des soirées à l'improvisation et le bonheur
De voir des acteurs spectaculaires et pluriels ?

Comment ne pas se souvenir ?
De ces discussions houleuses avec Konaré,
Qui, vêtu de sa gandoura blanche,
Nous rappelait cette Afrique oubliée,
Au cœur des prairies pourtant si encensées ?

Comment ne pas se souvenir
De ces discussions prestigieuses avec Manené,
Ce symbole du Québécois bien intégré
Dans les contrées lointaines des prairies ?

Parce que le soleil brille ici !

Saskatoon, au cœur de la Saskatchewan,
Regina, à vol d'oiseau de l'Alberta,
On ne pouvait résister au magnificat
De la grande prairie et ses entrailles,
Ses étendues de terres verdoyantes,
Sur lesquelles s'illustraient du bétail
Imposant, et leur repas si verdissant !

Jasper, la terre des gens qui espèrent,
On ne pouvait résister à la beauté
Du terroir qui donne avec gaîté,
Des raisons formidables d'espérer !

On ne pouvait résister à la diversité
De sa population si belle et adorée,
On ne pouvait que se laisser
Emporter par ses collines sacrées,
Son architecture au charme suranné,
Et sa tradition de grande hospitalité.

Parce que le soleil brille ici !

Vancouver, la belle cité du pacifique,
Ou « Hongkouver » pour ses valeurs asiatiques ;
On ne pouvait résister à ses couchers de soleil,
Qui, comme ses levers de soleil,
Donnent le goût de vivre loin de l'Atlantique !

Bordé par des plages emblématiques et féeriques
Qui rappellent les histoires d'Alice au pays des merveilles,
Et d'une architecture belle et merveilleuse,
Vancouver constitue le fleuron économique
De la brillante et florissante Colombie-Britannique !

À Vancouver, la nature reste généreuse,
Les montages hautement majestueuses,
Les opportunités toujours florissantes,
L'avenir nécessairement scintillant.

Parce que le soleil brille ici !

L'éblouissante Victoria, siège du pouvoir politique
Dans la charmante Colombie-Britannique,
Auréolée de son histoire, oh, combien sanctifiée,
Ses populations imbibées de grande sérénité,
Et ses plages somptueusement ensoleillées !

Victoria, c'est l'université Victoria,
Ses multiples savoirs et partenariats,
Dans un monde de volontariat,
Qui se construit loin du patriarcat !

C'est se laisser emporter,
Par la flore, les vagues de l'océan Pacifique,
C'est consommer du saumon pacifique,
Dans une ambiance des plus féeriques !

C'est vivre en paix,
C'est partager la paix,
C'est fumer le calumet de la paix !

C'est avoir l'audace d'espérer,
C'est toujours espérer,
C'est avoir toujours des raisons de prospérer !

Parce que le soleil brille ici !

C'est enfin voir le soleil se lever,
C'est le voir se coucher,
C'est toujours voir le soleil se lever,
C'est le voir briller et scintiller,
Afin d'avoir des raisons d'exister,
Afin d'avoir des raisons d'espérer,
Dans la majestueuse convivialité !

Savourer les délices de ses jours,
Les délices des plus beaux de nos jours,

Parce que le soleil brille ici !

Postface

L'auteur

Juriste de formation à l'Université d'Ottawa, Montréal, et Moncton, André Blondel Tonleu Mendou est très connu pour ses nombreuses distinctions dans le cadre de son parcours académique et professionnel. Vice-Champion du Monde de débat oratoire francophone à l'Université Paris-Sorbonne, récipiendaire de la bourse SAÉ à l'Université de Montréal, lauréat des prix jeunesse Africa 35.35 dans la catégorie plaidoyer et société civile, mention au top 35 des jeunes francophones les plus influents, mention au top 100 des jeunes Africains les plus positivement influents, plaideur distingué au Concours international de procès simulé à la Faculté de Droit à l'Université de Pretoria.

Malgré ces distinctions qui témoignent de son art oratoire, André Blondel est loin d'être un simple orateur, il est aussi un homme d'action et un humaniste pur et dur, ce qui l'amène jusqu'à intégrer en 2018 UN-HCR en tant qu'ambassadeur au sein de l'Institut du Nouveau Monde pour promouvoir et défendre les droits et la cause des réfugiés et personnes déplacées. Il a aussi participé à l'encadrement de jeunes étudiants à divers concours de plaidoirie pour promouvoir la culture orale francophone, à l'Université Victoria et en tant qu'ambassadeur francophone au sein du District scolaire de Saanich/Victoria, Colombie Britannique.

Il adopte dans cette œuvre une posture révolutionnaire qui prône l'autodétermination des peuples africains et de l'Homme noir en particulier, par son sens aigu de la liberté, la fraternité et l'égalité entre les hommes : ce recueil de poèmes n'est ni politique, ni séparatiste. Elle procède d'un style poétique particulier et bien élaboré dont les fondements reposent sur une volonté d'union et de justice équitable entre les hommes du monde entier.

L'œuvre

Versets du pacifique est un recueil de poèmes à travers lequel l'auteur interpelle les africains, mais aussi l'occident et surtout de son regard sur les peuples noirs du monde entier. Il nous invite à travers ce recueil à une prise de conscience de la condition de l'homme et de la femme noire dans un monde devenu de plus en plus raciste, ségrégationniste, tribaliste, claniste et chauviniste.

Cette problématique doit certainement être une raison majeure qui a poussé l'auteur à nous écrire ce recueil de poèmes, *Versets du pacifique*, qui semble emprunter une voie et un style différent de ceux des anciens poètes africains et qui s'adresse aux déshérités du monde entier, indépendamment de la couleur de leur peau et de leurs convictions religieuses ou politiques.

Ainsi, dans *Versets du pacifique*, l'auteur se défie des idéologies occidentales sur l'homme noir ou le continent noir, comme l'avaient déjà fait les anciens poètes de la négritude : Aimé Césaire, Léopold Sédar Senghor pour ne citer que ceux-là et auxquels il s'identifie avec fierté.

Dans ce recueil de poèmes, le poète s'y démontre engagé corps et âme dans la lutte pour un monde libre et ouvert, un monde régi par un système de valeurs élevées que l'on retrouve à la base de toute société ou tout peuple bien organisé et qui font que la vie humaine est si précieuse au point qu'elle mérite d'être protégée : liberté, fraternité, égalité, dignité, justice, droit, paix, liberté d'expression et de manifester, etc. sont des thématiques très présentes dans ce recueil de poèmes.

C'est aussi dans ses vers poétiques que l'auteur semble reprocher à l'occident d'enfermer sa mission civilisatrice dans un système d'adaptation des autres, se représentant comme le seul modèle tout en oubliant les aliénations socio-culturelles, économiques, politiques, environnementales, les rapports de force, les systèmes d'oppression qui affecte l'ensemble de la société noire et de l'Afrique en particulier, qui pourtant constitue « le berceau de l'humanité, le berceau des civilisations, le berceau des nations ».

« L'homme noir est confronté à un système,
Huileusement établi qui tel un réel problème,
Et à l'image d'un caillou dans ses poulaines,
Bloque son intégration dans le système ! »

Demba Seck, PhD
Sociologue
dseck81@gmail.com

Remerciements

À Demba Seck, Sylvie Bollini, Yemene Jean, Geneviève Richer, Moïse Mougnan, Sydi Mohamed Cissé, Claude Gilles Djoumessi, Évariste Manéné, Amanda Carrasco, Mary An Laceste, Nadine Yanmo.
Et à
Ariane Mendou, Euloge Pascale Mendou, Sorel Mendou, Chrysologue Mendou et Boniface Cellini Mendou Zeubou.

Déjà parus aux Éditions Grenier

ROMAN
- Annick Diop, *Profond regard*, 2009
- Marie Sœurette Mathieu, *Un pas vers la matrice*, 2009
- Gladys Otou, *D'un océan à l'autre*, 2008

RÉCIT
- Léon Ouaknine, *Ni d'ici, ni d'ailleurs, Le Québec, les Juifs et moi*, 2013
- Edgar Gousse, *La République bossale, Alexis et les carnassiers du pouvoir*, 2010

ESSAI
   Stéphanie et Léon Ouaknine, *Il n'y a plus d'abonné au numéro que vous avez appelé !*, 2009
- Bakary N'Badiallah Diarra, *Gouvernance et Environnement*, 2007
- Adrian Toumbi, *L'impact du 11 septembre sur les relations internationales*, 2006
   Adrian Toumbi, *Quel rôle pour l'arme nucléaire au XXIe siècle*, 2010
   Adrian Toumbi, *Puissances Et Stratégies En Europe de l'Après Guerre Froide*, 2021
- Herman J. Cohen, *Mémoires d'un Diplomate*, 2018
- Mahamat Ali Youssouf, *Le Qatar à la conquête de l'aérospatiale*, 2016

POÉSIE
- Guy V. Amou, *Les racines du bonkul rêvent de silence*, 2010
- Yves Alavo, *Vertiges sublimes, et couleurs des saisons intimes*, 2010
- Frantz Mars, *Offrande poétique*, 2010
- Louisa M. En. Lafable, *Effets Mer ou Les Empreintes de l'âme – 1re et 2e édition*, 2009
- Michel Sanon, Kout lanbi, 2006
- Lhacène Ziani, *Tijeǧǧigin n wawal*, 2005
- Fayez El Khoury, *Une douceur crémeuse* (version numérique), 2012

SOCIÉTÉ

Nebardoum Derlemari, *L'Affaire Mailloux ou l'affront à la cause noire*, 2008
- Nebardoum Derlemari, *Québec société hypocrite ou la misère de l'immigration*, 2007
- Roger Taillibert, *Stade olympique de Montréal, mythes et scandales*, 2010 (coédition avec la maison d'édition française DILECTA)
- Yona Likongo, *Lettre à mes enfants*, 2014

THÉÂTRE

Guy V Amou, *Je ne suis pas un exilé*, 2017

THÉOLOGIE

Enrico Joseph, *Dieu serait-il violent ?*, 2005

LES GRANDES ENTREVUES

- Entretien Exclusif avec Kofi Annan, 2006

JEUNESSE

- Tanohé Ludovic N'Doly (scénario) et Patrick Gopre (dessins), *Le Serment de l'amitié*, 2021

NOUVELLES

- Arnaud Segla, *Le Point*, 2011

www.ingramcontent.com/pod-product-compliance
Lightning Source LLC
Chambersburg PA
CBHW050442150626
46551CB00028B/1152